看世界

去中美洲

中美洲——连接南、北美洲的窄长地峡
恩赐了世界独一无二的**自然风光**
雕琢了地球绝无仅有的**人文景观**

王喜民 著

In Central America

当代世界出版社
THE CONTEMPORARY WORLD PRESS

图书在版编目（CIP）数据

去中美洲 / 王喜民著. -- 北京：当代世界出版社，2016.11
ISBN 978-7-5090-1150-8

Ⅰ. ①去… Ⅱ. ①王… Ⅲ. ①中美洲－概况 Ⅳ. ①K973

中国版本图书馆CIP数据核字(2016)第274168号

去中美洲

作　　者：	王喜民
出版发行：	当代世界出版社
地　　址：	北京市复兴路4号（100860）
网　　址：	http://www.worldpress.org.cn
编务电话：	（010）83908456
发行电话：	（010）83908409
	（010）83908377
	（010）83908423（邮购）
	（010）83908410（传真）
经　　销：	新华书店
印　　刷：	北京华联印刷有限公司
开　　本：	710×1000毫米 1/16
印　　张：	15.25
字　　数：	230千字
版　　次：	2017年1月第1版
印　　次：	2017年1月第1次
书　　号：	ISBN 978-7-5090-1150-8
定　　价：	58.00元

如发现印装质量问题，请与承印厂联系调换。
版权所有，翻印必究；未经许可，不得转载！

西临太平洋，东濒大西洋和加勒比海，连接南美、北美两大洲的窄长地峡……

这就是中美洲！

大蓝洞，玛雅文明，云雾森林，巴拿马运河……

这就是中美洲！

中美洲，通常人们的狭义称谓。它是通向南美洲的唯一狭窄陆路，包含了伯利兹、危地马拉、萨尔瓦多、洪都拉斯、尼加拉瓜、哥斯达黎加和巴拿马7个国家。

一个不大被人关注的概念之地，却充满着神奥、奇妙、诡异之色彩！

这是地球的另一面：一块值得探寻的秘境！一个多元化的地域！一处绝美而令人神往的宝地……

揭开她的面纱吧！扑进她的胸怀吧！感受她的神秘吧！

中美洲，玛雅文化的摇篮、发祥地——

"世界末日"、"地球毁灭"……这是玛雅人的预言！2012年，特别是2012年12月12日，让全世界着实恐慌了一阵。尽管平平安安过去了，但是太阳黑子活动达到史无前例的高峰期，而且释放了强烈的能量，已经波及到太阳系的其他星球。由此看来，玛雅人的预言是值得思考、研究和重视的。玛雅人的历法计算非常准确，他们很早就计算出地球公转的时间，一年为365天6小时24分20秒，与现在的计算误差甚小。玛雅人认为宇宙间一切物体都是有周期的，包括太阳系。在玛雅历法中，187.2万天是一个轮回，若按年计算为5125年一个轮回。玛雅人推算2012年是这次轮回的最后一年，预言这一年会有灾难，为此发出"世界末日"的言论。玛雅人早在3000年前就已使用"0"这一数字，他们绘制的航海图比当今任何一幅都精确。玛雅人不仅精通历法和数学，在天文、地理、农业、艺术、建筑等方面也有极高的造诣，令人叹为观止。印第安玛雅人是中美洲的原始居民，中美洲是玛雅文化的发源地。玛雅神庙、金字塔、石碑、祭坛、石像、墓穴等玛雅遗址群散落于中美洲大部分地区，玛雅人创造了灿烂的古代文明。玛雅文明与印加文明、阿兹特克文明并称美洲三大文明。

　　中美洲，诡异而神秘莫测，人类尚未揭开她真实的面纱——

　　这是一个神奇的地方！一个未知的地带！一个没有解谜的境地！

　　在尼加拉瓜卡华林卡的石坑，有大大小小的无规则的石头脚印，这有可能是古人类踩下的印痕，但到底何年、何人、何为？一直找寻不到答案，成谜至今。

　　在哥斯达黎加布鲁霍一带，一片片巨大的石球，那么光滑、那么浑圆，令人震惊！这些巨型石球源于何年、何月、何人之手？至今仍没有人解开答案。

　　在伯利兹海域，镶嵌着一个深邃绝美得让人窒息的水下圆洞穴，又名大蓝洞，誉之为"世界十大地质奇迹"，到底是怎样形成的如此漂亮的自然奇观？人们的解释形形色色。

　　在危地马拉阿蒂特兰湖底有一处被淹没的古城，其确切年代、坍塌原因，谁能揭开谜底？

对于印第安玛雅人的消失,有很多版本,战争、疾病、残杀?众说纷纭,莫衷一是。因为没有文字记载,所以给后人留下了悬念。

还有:成千上万的海龟、云雾森林里的生物、火山坑里的洞穴、奇特地峡的形成……这一切一切都印刻上未知的神秘……

中美洲,大自然赋予的地球之最——

地球上两大洋即太平洋和大西洋夹击的一条长长的地峡,成就了特殊的地理位置,造就了特殊的自然环境,恩赐了诸多的世界之最。拥有世界上喷发最频繁的活火山、世界上最美的火山湖、世界上生物种类最丰富的地区、地球生物最密集之地、世界唯一的美洲虎存活地、世界上最长的云雾森林吊桥、世界上最大最圆的海下洞穴、"世界桥梁"巴拿马运河……还拥有世界十大地质奇迹、世界十大最迷人的森林、世界十大潜水之地、全球十大蹦极胜地、世界七大工程奇迹等等,更有"森林之国"、"火山之国"、"湖泊之国"、"香蕉之国"之称谓。此外,这里还有世界上最危险的国家、世界上政变最频繁的国度、世界上凶杀案发生最多之地、世界上仅存的买卖妻子市场……

中美洲,世界自然、文化遗产光彩夺目,璀璨绚烂——

蒂卡尔,茫茫原始森林中矗立的一座座参天的金字塔,散落在热带雨林中的古代遗迹,在倾诉着沧桑的历史……这就是被联合国评为世界自然、文化双遗产的蒂卡尔玛雅遗址,令人震撼!旧危地马拉城为世界文化遗产,倘若信步于这里的古街区,仿佛瞬间穿越到那殖民时期,看到旧时代的本来面目,品味历史和过去的时光。瓜纳卡斯特自然保护区是被联合国评出的世界自然遗产,若是站在峰巅可"一山观两洋",瞭望到两侧的太平洋和大西洋的海平面,定会心潮澎湃、激情满怀,像波浪一样翻卷!还有:伯利兹的堡礁保护区、萨尔瓦多的霍亚德塞伦古村落、尼加拉瓜的莱昂古城、巴拿马的波托韦洛要塞、洪都拉斯的科潘遗址等等，都是联合国评出的世界文化遗产。透过这些世界遗产，可以看到中美洲异常悲壮而凄凉的历史，聆听到中美洲一路走来的艰辛步履和跳动不息的脉搏……

中美洲，拥有世界极致的、罕见的自然风光和人文景观——

玛雅遗址、巴拿马运河、岩石脚印、大蓝洞、巨型石球、一山观两洋（即太平洋和大西洋）、云雾森林等等，都是中美洲的精华，在其他地方是很难看到的。走进中美洲境地，会感受另一种视觉：无边无际的原始森林，莽莽而去的青山绿水，连绵不断的云雾峰峦，这是"中美洲的瑞士"、"旅游者的天堂"、"世界度假胜地"，还有"水帘洞"、"蝴蝶园"、"珍稀青蛙栖息地"等都是别有洞天的好去处。玛雅遗址以及那一片片散落在森林中的历史遗迹，引世人注目。印第安人部落仍保留了原始的习俗，令人惊叹。巴拿马运河可与苏伊士运河相媲美，似一条长龙横卧于地峡，倍加吸引目光。云雾森林更有诗情画意，林海、绿浪、松涛，组成一幅云雾缭绕的童话世界和梦幻境地……

阅读吧！中美洲，一个神秘莫测的大千世界！

欣赏吧！中美洲，一处云遮雾照的仙境之地！

作者：王喜民

2016年11月19日

目录 Contents

第一章 伯利兹：大蓝洞之国

飞向神秘的大蓝洞 …………………………… 002
伯利兹的旧城新都 …………………………… 009
探寻卡拉科尔玛雅遗址 ……………………… 014
被遗忘的阿尔通哈和修南图内奇 …………… 022
水帘洞·蝴蝶园·民族节 …………………… 026

第二章 危地马拉：厚重的历史遗迹

五彩小城弗洛雷斯 …………………………… 036
世界双遗产——蒂卡尔玛雅遗址 …………… 042
危地马拉的首都危地马拉 …………………… 052
失落的老首都旧危地马拉 …………………… 061
泛舟阿蒂特兰湖去玛雅人村寨 ……………… 073

第三章 萨尔瓦多：世界上最危险的国度

火山之国萨尔瓦多 …………………………… 084
造访霍亚德塞伦玛雅村落遗址 ……………… 090
萨尔瓦多的金字塔 …………………………… 098
塔苏莫塔速写 ………………………………… 104

第四章 洪都拉斯：政变最频繁的国家

科潘，玛雅的巴黎	112
去往洪都拉斯旧都科马亚瓜	122
首都特古西加尔巴新貌	128
度假胜地罗阿坦岛	138
暗访买卖妻子交易市场	144

第五章 尼加拉瓜：湖泊和火山之国

尼加拉瓜旧首都莱昂古城	152
马那瓜湖畔的新都马那瓜	156

第六章 哥斯达黎加：中美洲的瑞士

哥斯达黎加首都圣何塞掠影	162
探访阿雷纳尔火山	171
瓜纳卡斯特自然保护区拾零	180
蒙特沃德云雾森林见闻	183
卡塔戈古代水利遗迹探秘	189

| 目 录

第七章 巴拿马：世界桥梁之最巴拿马运河

巴拿马首都的古城、旧城和新城 …………… 196

参观巴拿马运河一号水闸 …………………… 203

畅游巴拿马运河 ……………………………… 210

走进科隆自由贸易区 ………………………… 214

到圣洛伦索和波托韦洛看要塞 ……………… 218

船行安倍拉部落做客土著人家 ……………… 223

后记 …………………………………………… 228

第一章
伯利兹：
大蓝洞之国

伯利兹是中美洲地区的一个小国，却有"森林之国"、"大蓝洞之国"、"世界十大地质奇迹"、"世界十大潜水之地"的称谓。整个国土面积不大，曾是原始居民印第安玛雅人的居住地。玛雅人曾在这里创造了灿烂的古代文明，这里是"玛雅帝国的中心"，其中有三处玛雅遗址群，可与危地马拉等国的玛雅遗址媲美。伯利兹大蓝洞是"全世界最大的水下洞穴"，吸引了世人的眼球。伯利兹被茫茫的原始森林所覆盖，到处是热带雨林，之中掩映着古代城邦遗迹、水帘洞、蝴蝶园……

飞向神秘的大蓝洞

晨雾，森林，原野……

汽车向着大西洋海岸方向疾驶，去探访闻名世界的伯利兹大蓝洞……

伯利兹大蓝洞，是伯利兹乃至中美洲地区最大的亮点之一，是当今世界最为吸引人的潜水地之一，是目前已发现的"全世界最大的水下洞穴"，称之为"世界十大地质奇迹"之一！伯利兹也因此有了"大蓝洞之国"的美誉。

2009年，伯利兹大蓝洞连同它周围庞大的珊瑚礁群（堡礁保护区）被联合国列为濒危自然遗产。

伯利兹大蓝洞位于伯利兹城东大西洋海域100公里之处，从空中俯瞰最为壮观、奇妙。但乘飞机欣赏需要提前一个月预订机票，且要天气晴朗才能起飞，并不是那么轻而易举能够看到。

我是在国内提早预定的机票，可谓"一票难求"，可见大蓝洞的引力是多么大。有了票，还要担心的是天气问题，因为乘坐的是小型4

● 飞向"森林之国"、"大蓝洞之国"

去中美洲 | Go to Central America

人座飞机,若是遇到下雨、刮风和雾天,那么飞机将停飞。因而,能否一览"大蓝洞",那就凭运气了。

上午9点钟,我来到距伯利兹城港口不远处的"大蓝洞飞机直航站"。不幸的是天气并不太好,尽管没有下雨刮风,但阴沉沉的天空着实让人捏了一把汗。停机坪上三架飞机一动不动停在那里,不过50平方米小小的航站楼里挤满了预订好机票的人,都在询问今天能否起飞。如果不能起飞,那真是留下终生遗憾。但反过来想,也不能拿着生命开玩笑!

这是一架小得不能再小的飞机,只能搭载三个乘客。等待期间,我观察了屋内墙壁上张贴的挂图,那是飞向大蓝洞的航线路。这时我访问了眼前的工作人员,她说:"天气决定着飞机的起飞,现在天空有雾,很危险,如果天气好的话,飞到大蓝洞的时间为45分钟,来回1个半小时。"

等啊等!一个小时、两个小时过去了,仍没有起飞的消息。在等待中,我拿着柜台上的宣传单和照片,向工作人员询问了大蓝洞的情

● 小小候机厅内耐心等待飞机起飞去往大蓝洞的看客

● 四人座小型飞机

第一章 伯利兹：大蓝洞之国

况。据工作人员介绍，关于大蓝洞的形成有几种说法。其中一种认为，大蓝洞形成于一亿三千万年前。在二百万年前的冰河时代，寒冷的气候将水冻结在地球的冰冠和冰川中，导致海平面大幅度下降。因为淡水和海水的交相侵蚀，这里的石灰质地带形成了许多岩溶空洞。大蓝洞所在的位置曾是一个巨大的岩洞，多孔疏松的石灰质穹顶因重力及地震等原因而很巧合地坍塌出一个近乎完美的圆形开口，成为敞开的竖井。当冰雾消融，海平面升高后，海水便倒灌入竖井，形成海中嵌湖的奇特蓝洞现象……

正在听取讲解之时，突然大门打开，开始放行了。上午 12 点钟，我作为第一批乘客奔向 TROPIC 小型飞机。飞机实在太小了，我几乎是爬着进去的，机上只有两排座位。飞行员让我们三个乘客扣好安全带后，随着一阵发动机轰鸣声，机体升上高空。

飞机在茫茫大海上空飞行。时而，飞过一座座小岛，那白色的沙滩，翠绿的柳树，红白房舍，展现在眼下；时而，穿过一处处岩礁，那涌动

● 飞机飞越海平面上空，向着百公里之外海域的大蓝洞飞翔

的波浪，黑色的礁石，飞翔的海燕，在目光中掠过；时而，飞越一只只小船，那打鱼的船公，飞飘的渔网，白色的帆布，在眼帘中晃过……

这里的岛屿、岩礁、大海太漂亮了！尤其是那海水，有蓝、有绿、有白、有红，而岩礁，千变万化，千奇百怪。

"大蓝洞，大蓝洞！"……突然，飞行员用英语说道。随即眼前一亮，一个圆形庞大的深蓝色图案展现前方，镶嵌在海平面上，像一个刚刚浮出海平面的箩筐，里面盛满湛蓝湛蓝的水。那就是大蓝洞！那就是梦寐以求想见到的大蓝洞。太震撼了！太奇妙了！大自然怎么会造就出这样奇特的景观呢？大蓝洞，是那样的圆，那样的蓝，那样的深。洞口完美的圆形，又非常巧合地与合围的环礁重合。由于洞水很深，所以呈现出深蓝的色彩。大自然真是巧夺天工，把一个如此奇妙的岩洞嵌至大海，让人叹为观止！

飞机在大蓝洞上空，绕行两个来回，让我们从不同角度，欣赏这

● 从机窗上远远望到大蓝洞

第一章 伯利兹：大蓝洞之国

● 从飞机上俯瞰不同方向的大蓝洞神姿

一世界上罕见的直径304米的大蓝洞：它像巨人的眼睛，大海的瞳孔，放大的瓷碗，美丽的花环，那么深邃，那样神秘，那样诡异，真是大自然的杰作。据悉，全世界海洋中分布着许多大大小小形态各异、不同风格的蓝洞，其中最圆最大最著名的就是这里——伯利兹大蓝洞。

伯利兹大蓝洞更有一个奇妙之处是还有一个敞开的口，潜水者可以进去潜水。我们在飞机上用望远镜仔细观望，洞面上有一些潜水人员正在准备下水，去欣赏洞中的水下世界。据悉，大蓝洞深145米，是潜水胜地。我们同机的一个欧洲乘客，昨天乘船游览大蓝洞时，就潜水去体察内部胜景。他在飞机上告诉我们："洞内乳石比比皆是，石笋如林，游鱼种类繁多，有梭鱼、天使鱼、鲨鱼等，还有色彩斑斓的珊瑚，充满着无穷魅力，这是一生之中最难忘的一次潜水。"据悉，1971年大蓝洞被评为"世界十大潜水宝地"之一。

飞机返航了！我感叹：人生在世，能够欣赏到这样一大奇观，真是一件幸事。回望远方：

再见了，闻名遐迩的大蓝洞！

告别了，一生难得看到的海中奇观！

| 第一章　伯利兹：大蓝洞之国

伯利兹的旧城新都

车行伯利兹境地，满眼是绿色的森林、绿色的原野和绿色的沼泽地。据介绍，这个国家的森林资源非常丰富，到处都是热带丛林，森林覆盖率达70%以上，有"森林之国"的称谓，所盛产的红木被列为"国木"，并设计进国徽图案中。

伯利兹（Belize）国名来源于该国的伯利兹河及伯利兹城。伯利兹城是原首都，现首都为贝尔莫潘（Belmopan）。

去往伯利兹城的行车路上，陪同踏访的向导兼翻译阿勒贝尔多介绍了这个国家的概况。伯利兹在法文中意为"航标"、"灯塔"，是中美洲一个小国家，乘车东西穿越仅用3个小时，总面积22966平方公里，人口36.4万。该国位于中美洲北部，西北部与墨西哥接壤，西部和南部与危地马拉相连，东临洪都拉斯湾，与洪都拉斯隔湾相望，直线距离约75公里。伯利兹是中美洲唯一以英文为官方语言的国家。伯利兹的原始居民是玛雅人，曾在这里创造了灿烂的古代文明。16世纪初沦为西班牙殖民地时，大量的木材被掠夺。1786年英国取得管辖权，称英属洪都拉斯。1981年脱离英国独立后改名伯利兹,即现在的国名。

汽车在公路上疾驶,两边是热带雨林。藤缠枝,枝盘藤,郁郁葱葱,野鹿不断横越马路,给人一种非常原始、自然之感。

车行一段路程到达伯利兹城,这是这个国家最大的城市,全国三分之一的人口集中在这里。走在大街上,看到不少英殖民时期的建筑,还有木质结构房屋,四壁涂白色,屋顶用红色铁板,另有一些古旧的住宅夹杂在街区中。

我去的古教堂,砖墙已经发黑,木门雕刻得很是考究,后墙装饰比前墙还复杂,一只白色的和平鸽雕刻得栩栩如生。古教堂对面是白色的旧总督府,看起来很干净而清爽。再向前行是中心广场,主建筑为耸立在岸边的高院。广场中央有人物雕像和纪念碑,正前方是伯利兹城的主街道,一直通向远方。这里是伯利兹河的入海口,许多建筑依河而建,风光优美。在河的一侧,我走进鱼市场,看到当地渔民正在出售新鲜的海鱼,碰巧遇到一位购鱼的华人,他是一家中餐馆的老板。据介绍,这个城市不大,却有300多家中餐厅,生意非常红火。该国共有5000多华人,第一批华人的到来是1950年,1981年又有华人大量涌入。伯利兹城不仅有华人,还有印度、巴基斯坦、危地马拉、萨尔瓦多、尼加拉瓜和加勒比海诸岛上的移民,成为

● 伯利兹旧城即前首都的古教堂经历了沧桑的历史

第一章 伯利兹：大蓝洞之国

一个地地道道的移民城市。

踏访完伯利兹城，驱车80公里西行，来到现首都贝尔莫潘。贝尔莫潘实在太小了，还不如中国的一个镇大，更遑论城市了。作为伯利兹首都，从感觉上真不如伯利兹城。我围着贝尔莫潘区域走了一圈，除了一家超市、一家银行和一所学校外，看不到什么建筑，多是零零散散的农舍和庄稼地及正在修建的马路，只有政府办公区的建筑还算不错。总理府、议会大厦建在一片绿地上，旁边有高大的椰树、古炮，还有雕像。令人新奇的是草坪上还建有一个安全中心，风格新颖。

新首都，给人的印象是冷冷清清，缺乏活力。

据介绍，贝尔莫潘得名于伯利兹河支流莫潘河。迁移首都是因为伯利兹城在1961年遭到飓风袭击而残破不堪，大部分房屋倒塌。于是，1972年首都搬迁至

● 总理府

● 坐落于现首都贝尔莫潘的国会大厦

伯利兹城旧总督府

这个国家最中心的地带。现在首都人口约 1.8 万人，号称"世界上人口最少的首都"。这里原来生活着印第安人，曾是玛雅古国的一部分。不远处有一个游览胜地蓝洞，是个天然水潭，风光迤逦。

参观完新建首都贝尔莫潘后，天已近晚，赶往驻地圣伊格纳西奥市（SanIgnacio）已是万家灯火。圣伊格纳西奥是伯利兹第三大城市，距贝尔莫潘 30 公里，是伯利兹最西面的一个边境城市，紧临

伯利兹城中心广场上的旧高院

第一章 伯利兹：大蓝洞之国

危地马拉，伯利兹河穿过城区。而这个小小的城市，沿街却有几十家中餐馆一字排开。

伯利兹河，伯利兹城，伯利兹共和国……

一个小小的重复上演的"伯利兹"，清晰地深印在脑海中。

● 活动在伯利兹街头的人们

去中美洲 | Go to Central America

探寻卡拉科尔玛雅遗址

清晨，迎着一轮红日，披拂万道彩霞，去探秘伯利兹境内最著名也是最大的卡拉科尔玛雅遗址。伯利兹的原始居民是玛雅人，他们曾在此创造了灿烂的古代文明。此地，便是"玛雅帝国的中心"。

汽车从圣伊格纳西奥市启程一路南下，开始又一天的旅程。

玛雅文明为美洲三大文明之一，其遗址分布于中美洲多个国家。这些遗址大都秘藏于茫茫丛林中，一般很难到达和涉足。今天有幸去

● 沿途漫山遍野的原始森林

第一章 伯利兹：大蓝洞之国

探索神秘的玛雅文明，首先要感谢陪同前往的向导阿勒先生。阿勒先生在外交部门工作，精通英语和中美洲各国的地方语言，有丰富的经验。这次踏访他将带我走遍中美洲各国。

汽车在热带雨林中疾驰，感受这个"森林之国"保存了如此大片的原始林木，让人心生敬佩。这里的地形是丘陵山地，茂盛繁密的森林覆盖了整个原野。随着汽车的行进，土质和地形也在目光中不断变换。从车轮碾轧的土路可见，时而黄色，时而深红色，时而白色，像一条飘带系在茫茫森林中。动物和飞鸟不断穿越公路，更显示出大自然的美妙无比。据悉，这片森林中还有美洲虎出没。

车行一个多小时，被一个军人哨岗所卡，勒令停车。原来这里驻扎着兵营，停着很多军车、坦克，还有两架军用直升机待命，显然是一个军事要地。原本原始自然的大环境，骤然增添了一点紧张气氛。经

● 部队岗哨前待发的直升飞机

去中美洲 | Go to Central America

过对我们车辆及行装的严格检查，然后才放行。阿勒先生告诉我，这里距危地马拉边界不远，两国居民通过原始森林，时有越界现象发生，这一带曾出现过多次重大事件，特别是抢匪很猖獗，部队驻扎于此，主要是维护边境稳定。

过了军事要地，山越来越高，森林越来越密，道路越来越窄，而部队巡视的军车不时从眼前穿行而过。

阿勒先生解释说："军车是在执行任务，对我们来说反而更加安全。"

途中，阿勒先生带我顺便参观了附近的 Rio Frio Cave 岩洞。这是一个 20 米高的多拱形洞口，里面存有一池湖水，四周的奇石怪岩令人叫绝。大自然恩赐了这样一个奇异的岩洞，很值得一赏。洞口有几个当地人和欧洲人正在烧烤，尽情享受森林野餐。

出岩洞不远处是一个多头瀑布群，有不少欧洲人在潭内嬉水游泳，在大自然中沐浴，荡漾起一阵阵欢歌笑语，划破长空。

● 途遇岩洞奇景

第一章 伯利兹：大蓝洞之国

汽车继续南下，两边的森林看起来更加原始和古老，尤其是一些藤蔓将大树缠绕致死，显示出凄凉之美。但又有些树木枝繁叶茂，直上青云，好像在招手欢迎远方的客人。

车行2个半小时，路上突然出现了一个横标，上面刻着景点的名称。我们终于到达卡拉科尔玛雅遗址。没想到玛雅遗址坐落在这么深远的密林中，太神秘了。门口搭建了一个极为简陋的房子，用土石竖立玛雅遗

● 写有卡拉科尔英文字母的玛雅遗址门口

● 路边的多头瀑布

● 两平方米大的古石碑上刻着遗址图标

址的标识，告诉来人这就是著名的玛雅古城。

踏着林间小路，向丛林深处而去。骤然，我被掩埋在大森林中，前前后后，勾勾叉叉全是参天的大树。突然，一座宏伟的玛雅建筑展现在眼前，扑天的气势迎面袭来，那是一种令人震撼的高大，那么壮美！真不敢相信自己的眼睛，在这个荒无人烟的地方，竟藏有这么恢弘的古建筑！

● 蔚为壮观的凯纳金字塔

第一章 伯利兹：大蓝洞之国

这时，阿勒先生指着直上云霄的卡拉科尔玛雅遗址介绍，他说，卡拉科尔（Caracol）在玛雅语中意为"蜗牛"，这里曾经是"玛雅帝国的中心"，足有9公里宽，占地约65平方公里，其间坐落着古城、庙宇、宫殿、住宅等建筑。这些建筑物大部分被埋在山丘中，隐藏在大森林里。1938年被修路者发现，1952年开始挖掘时，令考古工作者震惊，这个古遗址在周边各个国家中是最早、最大、最古老的废墟，而开挖出来的仅仅是一小部分。从挖掘出的建筑物看，最高的金字塔叫凯纳，高达43米，位于建筑群的北面，中间广场上是中央神庙，南面是南卫城神殿，加上古代蓄水池与古球场，和大小建筑群及众多的纪念碑，构成了规模庞大的城邦。从规模上看，它的面积要大于蒂卡尔玛雅遗址。据考古学家考证，其实在公元前1000年就有玛雅历史的遗迹，但真正

● 凯纳金字塔对面遗址上神秘的石刻

玛雅王朝始于公元331年，衰败于859年。

　　大广场上有两平方米的石碑，上面刻着卡拉科尔的有关建筑。顺着这块石碑，我爬上凯纳金字塔，统治者住在塔的最高处。金字塔共为

● 中心广场上的祭坛与神殿

三层，每一层都有不同的感觉。在地面上只能看到第一层和第三层。当爬到第二层时只能看到第二层和第三层。当攀至顶部时心底有些动容，顿感与天如此接近。原来凯纳在玛雅语中意为"天顶"。

　　在凯纳金字塔的顶部建有神庙，还有统治者的宫殿。

　　从凯纳金字塔广场向纵深走去，里面分布着很多神庙、神殿、神坛等古建筑遗址，有的较为完整，有的只是残垣断壁，还有的是一片废墟。在众多遗址中，遍地都是石碑、石坛、祭坛，有的已经破损断裂，但上面的雕刻依然栩栩如生，还有的以文字记述。其中有一块祭坛，记述了卡拉科尔一对国王父子的情况。父王劳德·肯于公元556年和

第一章 伯利兹：大蓝洞之国

562年两度击败蒂卡尔，王子肯二世在公元631年击败另一个部族纳拉尼奥。

在纵深建筑群中，有一处球场，还保持着原貌。讲解员说，球赛的输和赢，其中一方是要被杀头的，他们认为杀头是要升天，是一种荣耀。

用去2个小时的时间，看完了卡拉科尔遗址建筑群。有的略知一二，有的连当地讲解员也搞不清楚，给后人留下了不解之谜。据讲解员介绍，卡拉科尔遗址正在向联合国申报世界文化遗产。

卡拉科尔——玛雅帝国的中心！映衬着璀璨的历史光泽……

○ 从石雕上翻译记述的玛雅国王情况

○ 断裂的石碑

去中美洲 | Go to Central America

被遗忘的阿尔通哈和修南图内奇

伯利兹还有阿尔通哈和修南图内奇玛雅遗址。这两处历史沉迹几乎被后人遗忘了……

离开卡拉科尔玛雅遗址，又驱车而去阿尔通哈（Altunha）玛雅古城遗址。阿尔通哈古城遗址距伯利兹城的海岸6英里，占地面积25平方英里。古城被掩藏在大森林中，大部分都没有挖掘出来，展现在眼前的玛雅古城遗址只是一小部分，看上去非常宏伟壮观，尤其是那层层叠叠的台阶一直通向顶部的神庙，人站立在上面显得很是渺小。这些遗址曾是古玛雅的城镇、庙宇和贸易地。遗址上有很多精美的雕刻，显示了当时

● 写有ALTUNHA（阿尔通哈）字样的玛雅古城遗址门口

第一章 伯利兹：大蓝洞之国

的文明。据讲解员介绍，公元前 1000 年，这里就有玛雅人的部落，阿尔通哈古城是玛雅人留下的文化鼎盛时期的遗迹。

在阿尔通哈玛雅遗址旁建有一个博物馆，收藏了一些有关玛雅人的文物，其中有玛雅人头骨、陶瓷、首饰及一些生产工具。博物馆负责人介绍了一些玛雅人的情况。

● 中心广场上的金字塔

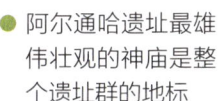
● 阿尔通哈遗址最雄伟壮观的神庙是整个遗址群的地标

去中美洲 | Go to Central America

　　玛雅文明分布于现今墨西哥东南部、伯利兹、危地马拉、萨尔瓦多、洪都拉斯等5个国家的丛林中。这些玛雅遗址都深藏于森林之中。玛雅文明虽处于新石器时代，却在天文、数学、农业、艺术及文字等方面都有极高成就。它与印加文明、阿兹特克文明并列为美洲三大文明。

　　玛雅文明的前古时期为公元前1500年至公元300年；古典时期是公元4世纪至9世纪；后古时期为公元9世纪至16世纪。16世纪时，玛雅文化的传承者阿兹特克帝国被西班牙消灭。

● 精致的石雕

　　玛雅人的全称为印第安玛雅人。玛雅文明是拉丁美洲古代印第安人的文明，是美洲古代印第安文明的杰出代表。玛雅人创造了辉煌的历史，尤其在天文历法上。玛雅人测算地球每年为365.2420天，现代测算为365.2422天，误差仅0.0002天，即5000年误差仅一天。几千年前便测算得如此精确，令人难以置信。

　　从阿尔通哈返回圣伊格西奥市后，我们又西行半个多小时来到修南图内奇（Xuantunich）玛雅遗址，

第一章 伯利兹：大蓝洞之国

● 修南图内奇玛雅遗址内耸入云天的卡斯蒂奥金字塔

● 修南图内奇遗址顶部的雕刻

这是伯利兹的第二大玛雅遗址建筑群，处在与危地马拉交界处。走进遗址建筑群，这里同样有一座耸入云天的卡斯蒂奥金字塔，又称羽蛇神殿。看上去感觉要比卡拉科尔的凯纳金字塔高得多，其实它的高度为40米，比之低3米。而在这个金字塔与三号金字塔之间广场中央又竖起一座金字塔。有人说太妙了，而有人却说大煞风景。据讲解员介绍："这可能是国王为遮挡人们的视线而专门下令建造的。其他玛雅遗址，是没有这种设计的，但也算是独到之处或者称作别有特色吧！两个大金字塔中间夹着一个小金字塔，也可能国王当初有其他想法，或者是设计者的创造！"阿勒接着讲："修南图内奇城邦是劳德·肯二世国王建造的，意在便于统治百姓。"

回程途中，脑海里一直回味着伯利兹的玛雅遗址。这些建筑群都隐藏在大森林中，给这个小小的国家增加了神秘的色彩，它是历史的真正见证者，这也证实伯利兹的历史如许悠久。

伯利兹，承载着厚重的历史……

玛雅遗址，古代文明的象征……

水帘洞·蝴蝶园·民族节

如果说大蓝洞、玛雅遗址是伯利兹的两大景观,那么它的第三大景观应该是水帘洞。

踏访伯利兹的第四天,阿勒先生带我去往著名的水帘洞(Barton Creek)。水洞处在圣伊格纳西奥的南部,距危地马拉边境不是很远。

汽车在大森林中穿行,树林间不断出现散落的农舍,但也不时看到森林被焚烧的残景。阿勒先生介绍,近两年来,一些急功近利者烧毁森林,建造房屋,发展企业,对森林破坏严重。但在这方面,政府却显得无能为力,因为很多森林归个人所有。

车行40多分钟,途中遇到一辆豪华的马车拉着两个头戴巴拿马帽、身着西装的欧洲人,让我百思不解。在这样的大森林中怎

旷野中坐马车的德国人

第一章　伯利兹：大蓝洞之国

么会有这样装束的人呢？这时，阿勒先生说："那是德国人。1953年，有一群德国富翁来到这个人迹罕至的热带雨林中，建造房屋定居下来。他们来到这个世外桃源，过起了与世隔绝的超俗安逸生活。这些德国人，人高马大，英俊帅气，长发飘飘，而女人美丽白皙。他们坐马车，点油灯，烧柴火，生活在一切远离现代文明之中。也有人怀疑他们是纳粹德国军人，二战失败后逃来此地的，但这种说法没有依据。"

此刻，我顺着阿勒先生手指的方向，看到了德国人的住宅，那是在森林中开辟的家庭住地，绿地、野草、红花，很是怡静。这些德国人仍然保持着19世纪前半叶的生活模式，不装电话，不用电灯，不坐汽车，显得那样古朴与典雅。

经过一个多小时的车程来到水帘洞。在当地人带领下，我乘坐一条三人座小木船，慢慢划进水帘洞。三个人各负其责，最前边的人打灯，

水帘洞口

中间人拍照,最后一个人划船。船在洞穴中划行,船桨划出了水纹,一种神秘感油然而生。船公介绍:"洞穴全长 8 公里,洞内发现 150 多件陶瓷和 28 具人的遗骨。"小船儿轻轻地飘,荡漾在水中,只见平静的水面上乱石如云。这是一个形态各异、千奇百怪的溶洞。据船公说:"这个溶洞形成于 100 多万年以前,是昔日玛雅人祭祀仪式的场所。岩石上还保留着玛雅时期留下的文化遗迹。"顺着船公手指的方向看去,有玛雅人的遗骨,有玛雅人接神水的石碗,有玛雅人集会的场所……太神奇了!我看到溶洞中大量的巨大钟乳石,倒垂下来,悬挂在头顶上。洞中还有很多钟乳石紧贴水面,来船不得不绕行。行进中小船勉强挤过,人们必须把头狠狠低下,再低下,一不小心就会碰到头顶。我既惊心,又兴奋,更震撼!船公说:"这个水下溶洞因水而产生奇观,因玛雅文

● 神秘莫测

● 石柱垂水

● 曲径通幽

第一章 伯利兹：大蓝洞之国

化而文明，成为伯利兹最受欢迎的三大景观之一。"

玛雅人真是很会选择祭祀和各种活动的场所，这里深刻体现了玛雅文明。

回途中，顺访了一家蝴蝶园。实际上这是一个农场，隐藏在大森林中。走进农场，一对年迈的夫妇迎了上来，他们是瑞典人，年过六旬，已在偏僻的丛林中经营半生，二十年如一日，养蝶于此，让人唏嘘不已。他们除养殖蝴蝶外，同时还圈养一些珍禽鸟类。漫步于林中，听着鸟叫，闻着花香，深入大自然的怀抱，有一种回归原始的感觉。

走进蝴蝶园，成千上万的蝴蝶在空中飞舞，斑斓纷呈，色彩艳丽，有红的、绿的、黄的、紫的、花的，比比皆是。看吧！花朵上，草丛中，

● 蝴蝶园多姿多彩的蝴蝶

● 爱恋不舍

去中美洲 | Go to Central America

● 展翅欲飞

树干上，全是飞来飞去的蝴蝶。它们在你的身边环绕，如临仙境，令人神往。这里就是蝴蝶的世界，蝴蝶的海洋。在现场，我看到有刚破茧半天的小蝶，有正在吃餐的成年蝶，还有正在交配中的两蝶，五花八门。蝴蝶老人陪着我一边观看着一边介绍，他说："这里有上千种蝴蝶，有的自生自长，有的需要培育，有的还要接种，需要具备很深的科学技术。"蝴蝶老人讲，他研究蝴蝶的进化已经有数十年的历史，掌握了蝴蝶的习性和生长的全过程，这是一门很深奥的领域，探索无止境。在蝴蝶老人带领下，我还参观了蝴蝶繁殖区，数不清的试管，无数的玻璃瓶，一排排盆盆罐罐，都是老人的试验用具。

信步在蝴蝶园，让人感叹！令人动容！年过花甲的老人，还在追求蝴蝶的养育事业。为了美化大自然，为了给环境增加色彩，为了探索昆虫的奥秘，老人一直在进取努力中，这种责任和坚守的精神令人钦佩！这时，一种感叹发自内心：感激蝴蝶老人，祝福蝴蝶老人……

下午3点钟，进入圣伊格纳西奥城区，看到伯利兹河畔一片空地上，

第一章 伯利兹：大蓝洞之国

人头攒动。原来，这天是他们的民族节，各民族汇集在一起，开展形式多样而具有民族特色的娱乐活动，包括赛马、投球、比武、甩标枪，还有一些演艺绝技展示，煞是热闹。只见人们围拢在一起，有唱、有跳、有舞；有说、有笑、有闹。树枝、车顶、墙上，站满了围观的群众。老人、孩童、姑娘、小伙儿，都出来欣赏观看。最为有意思的是抓猪比赛，主人将猪染成银白色，放至草坪上让其乱窜，谁能抓住谁为赢家，可得到一份奖品。一阵猪奔，一阵人跑，代之来的是一阵阵欢笑声，其乐无穷。据阿勒先生介绍："民族节每年一次，圣伊格纳西奥政府很重视这个节

❶ 抓猪比赛
❷ 登高观看
❸ 树上树下

去中美洲 | Go to Central America

微微一笑

专注凝望

喜笑颜开

日,提早筹划准备。这个国家有克里奥尔人、印第安人、玛雅人、印度人、白种人及混血人等,是个多民族的国度。通过这一节日,加强各民族之间的友谊和团结,何乐而不为呢?"

圣伊格纳西奥这座城市很美丽,虽然不大,但很古老,居民感到生活在这个小城很快乐。城区内不少殖民时期的建筑,与本地土著人

圣伊格纳西奥城街墙画

的房舍交织在一起，土洋结合，很具特色，尤其是墙体上，涂鸦很多，当地风情浓郁，很值得品味……

温馨提示

中美洲包括伯利兹、危地马拉等7个国家。中美洲与拉丁美洲不是一个概念，拉丁美洲是指美国以南的美洲地区。去伯利兹这个国家，不管是商务还是旅游，在中国都办不了签证，因为中国与伯利兹没有外交关系。故而签证只能到第三国办理，即伯利兹驻他国的大使馆。目前到美国办理比较方便，只要到伯利兹驻美国大使馆，当天就会办完一切手续，之后从美国直接乘飞机飞往伯利兹。再是从他国转机飞到伯利兹，下飞机后申请落地签。或者从他国乘汽车到伯利兹边境办签证，但是较为冒险，没有十足把握。到达伯利兹，吃住行都没有问题，华人也很多，都愿意为中国人提供方便。至于看点，首选应该是伯利兹的大蓝洞，再就是玛雅遗址，还有美丽的原始的自然风光不容错过。

第二章
危地马拉：
厚重的历史遗迹

危地马拉是中美洲的一个大国，它同伯利兹一样，曾是原住民印第安玛雅人的天下，同样分布着很多玛雅遗址，而且比伯利兹还宏伟高大，两处被联合国列为世界遗产，其中蒂卡尔为世界文化与自然双遗产。危地马拉被称为"玛雅文化的摇篮"、"玛雅文化的发祥地"、"玛雅文化的中心"、"玛雅世界的心脏"，是世界上最有影响力的玛雅遗址所在地。危地马拉还有众多的历史遗迹，如旧危地马拉城，如"世界上最美丽的火山湖"阿蒂特兰湖；还有仅存的玛雅人后代居住的村落等，这些都是中美洲的亮点。

去中美洲 | Go to Central America

五彩小城弗洛雷斯

　　我是从伯利兹的边境城市圣伊格纳西奥市乘汽车进入危地马拉北部城市弗洛雷斯的。办完入住手续后,踏访了这个袖珍的岛上小城。

　　漫步于弗洛雷斯(Fiores)小镇,那样悠闲和惬意。披着夕阳万道彩霞,迎着习习和风,望着粼粼波光,好似进入一个童话世界。

　　这就是危地马拉佩腾省首府,北部最美丽、最漂亮的城市弗洛雷斯。看吧,一条条狭窄细长的石子路,一座座花红柳绿的五彩房,一排排风格各异的小商铺,令人眼花缭乱。这就是曾经的玛雅文明最后消亡的地方。

　　弗洛雷斯城坐落在弗洛雷斯岛上,这个小岛处在佩腾湖南部,海拔137米,人口1.5万,曾为玛雅伊特萨人部落的首府。弗洛雷斯城是去往蒂卡尔国家公园的必经之地和落脚点,还有机场分别通向墨西哥、

● 通向五彩小镇的唯一小路

第二章　危地马拉：厚重的历史遗迹

伯利兹和危地马拉首都。

我独自走进一家咖啡屋，要了一杯热饮，静静坐在木凳上，听取玛雅人抵抗西班牙人的故事。那是 1697 年，西班牙首领率大批士兵来到这里，在此实行杀光政策，袭击手无寸铁的玛雅伊特萨人部落。在佩腾湖上，伊特萨人乘坐独木舟与西班牙船上的士兵斗争，顽强作战，但最终抵抗不住手握长枪的西班牙人而惨遭杀害。这个最后存在的玛雅伊特萨部族惨死在入侵者的刀枪之下，少数幸存者逃往丛林……这就是有名的弗洛雷斯之战。时过境迁，如今在弗洛雷斯已经寻不到伊特萨人的踪影，只留下西班牙统治时期的殖民建筑。

沿街而行，殖民建筑鳞次栉比，各式各样，有红的、绿的、黄的、蓝的；有塔状的、角形的、平顶的；有凸出的、凹进的、拱起的。还有很多建筑披上藤蔓、长草、绿叶，真像一幅幅蜡笔画，描摹出异彩纷呈、

绿染小楼

斑斓绚丽的世界……

教堂广场矗在一个高台上,场地虽不大,教堂却不小。从教堂中走出三三两两的教徒,他们刚做完祈祷。我和一位老者闲谈,他说,弗洛雷斯的历史可追溯到公元一世纪。原来岛上全是森林,居住的土著人靠打鱼和采摘野果谋生,后来逐渐发展,成为危地马拉北方的重镇。在20世纪,从大陆开始填湖、修路、建桥,现在已经连在一起。这个岛不大,一个小时就游览完了。

沿着鹅卵石街道,我来到一家花布专卖店。这是一个玛雅人后裔开办的,经营的都是手工家织布,展开每一块布,都具有浓郁的民族特色,色彩非常鲜艳。老板娘今年40岁,育有三男二女,月收入在800

● 错落有致的房屋朝向湖面

第二章　危地马拉：厚重的历史遗迹

● 中心广场上的古教堂为小镇的地标

美金左右。

　　街道上最多的店铺是手工艺品，一家挨着一家。自从蒂卡尔玛雅遗址对外开放后，这里就成为旅游之城。此地距离蒂卡尔35公里，沿途统统是热带雨林。所以，旅客的吃、住、行都要依靠弗洛雷斯，特别是旅游旺季，宾馆、旅社爆满，必须提早预定。外来人对这个岛城很感兴趣，尤其对这里的传统工艺品倍加欣赏，纪念品显而易见就成了抢手货。我在纪念品商店看到，木刻、陶器、泥塑等制品式样很多。

　　岛的中部有一个篮球场，一群学生正在玩耍。我走上去搭话，一群天真可爱的孩子一下子围拢过来。他们第一次见到中国客人，但个个都知道中国的长城、黄河和喜马拉雅山。从谈话中了解到，岛上只有小学和中学，读大学需要到首都。

去中美洲 | Go to Central America

● 街头小吃

叫卖水果的孩童

湖岸非常漂亮,可以眺望远处的丛林和湖中的渔船及岸边的倒影。沿着湖滨路一字排开皆是个人摊点,有烧烤、煎饼、炒饭等很多小吃,不少未成年的孩童肩上扛着箩筐穿行在人群中出售水果。从穿戴上看,这里的人们生活并不富裕,不能说衣不遮体,但赤臂露膀的还是不少的。据说,这里大都是土著印第安人,也有一些印欧混血人和欧洲移民后裔。

弗洛雷斯的夜是美妙又沉重的。隔着窗户,仰望灿烂星空,平视

第二章　危地马拉：厚重的历史遗迹

微澜湖水，心中感慨着世事变迁，这里，曾是玛雅人之地，他们在此创造了玛雅文明，是玛雅文化的摇篮……

● 色彩鲜艳的房屋

● 五彩街道

世界双遗产——蒂卡尔玛雅遗址

蒂卡尔（Tikal）玛雅遗址是危地马拉最大的亮点，它是考古学家发现的第一个玛雅文明遗址，是世界上最有影响力的玛雅古迹，有"玛雅文化的发祥地"、"玛雅文化的中心"、"玛雅文化的摇篮"之说，堪称"玛雅世界的心脏"，1979年被联合国列为世界文化与自然双重遗产。在众多世界遗产中，"双重遗产"是不多见的，可见它的观赏价值和引力之大！

我是清晨从弗洛雷斯市启程的。沿途是无边无际的原始森林，密不透风遮盖着大地。路边的标牌不断出现"美洲狮"、"长尾猴"、"金钱豹"、"蟒蛇"的标识，警示开车司机小心行驶，避开这些动物的穿行。

经过一个多小时的车程，来到密林深处的蒂卡尔玛雅遗址入口，首先映入眼帘的是"世界遗产"标识，示意来者这里是自然和文化世界双重遗产之地。

进门后，便钻进密密麻麻的原始森林中。直上青云的参天大树，古藤枯木的阴沉丛林，满野遍地的芬芳花草，将你置身于大自然的怀抱

● 通向蒂卡尔玛雅遗址原始森林路边的动物标识牌

● 遗址门口的世界遗产标识

中，享受原始，回归自然。大约 1200 多年前，玛雅人就生活在这里的热带雨林中。

林中跋涉半个多小时，玛雅遗址赫然出现：那高大的金字塔，那残缺不齐的祭坛，那开裂断壁的石碑一一展示在眼前，极具震撼力！它是玛雅帝国的最大城邦和玛雅文明的中心，是规模最大的玛雅古建筑群，占地面积达 65 平方公里。

处在这样纵深丛林中的玛雅古建筑群不能不令人惊叹！走近祭坛，旁边立有石碑，表明此地的重要性。这是一个举行祭神仪式的地方。据说在这里能听到圣灵的声音，而蒂卡尔在玛雅语中意为"能听到圣灵之声的地方"。现场讲解员说："祭神，有多种祭品，其中有人的心脏。玛雅人认为用心脏供神是最高的境界，灵魂升天，至高无上，这是最珍贵的祭品。"听了讲解员的话，让人难以置信，电影《亚波卡猎逃》真实

● 神圣的祭坛

第二章　危地马拉：厚重的历史遗迹

记述了这一情节。

我们一边向丛林深处走，一边听取讲解员介绍。蒂卡尔遗址位于中美洲犹加敦半岛地区，最早被一个名为弗朗西斯·科达巴的西班牙人发现，但挖掘工作是在最近25年开始的，慢慢揭开了它神秘的面纱。从钻木取火的证据显示，大约公元前700年，玛雅人就在附近居住。遗址中，最早的纪念碑是公元前4世纪竖立的，所以蒂卡尔的历史可以追溯到公元前，但当时并不出名。到公元292年，继位的蒂卡尔国王，开始发展强大的蒂卡尔王朝。之后的年代中，随着国王的更换，连续出现过多次鼎盛时期。公元700年，俗称"巧克力领主"的阿卡考继承了王位，一举把蒂卡尔推向巅峰，写下了玛雅文明史上最辉煌的一页。中央广场附近的多数遗址都是那个时期留下的，而阿卡考本人就埋在一号神庙下。公元790年，奇坦国王之后蒂卡尔城邦开始衰落，直到公元889年，蒂卡尔被彻底遗弃在丛林中，谜一般地分崩离析……作为世界上唯一诞生于热带森林（而不是大河流域）的古代文明玛雅遗址，它的消亡充满神秘色彩，使玛雅文明成为一段湮没的历史，留下一连串的疑问……

蒂卡尔是迄今规模最大的玛雅城邦遗址，可谓金字塔耸立，石碑满野，祭坛遍布。来到蒂卡尔中心地带的中央广场，被这里的建筑群所折服！这是一个巨大的广场，占地2.6平方公里，最醒目的是东西两座遥相对应的金字塔。东侧一号金字塔（Temple1）称美洲虎国王金字塔，高47米，始建于公元695年，因为金字塔的门楣上刻有虎神而得名。西侧第二号金字塔（Temple2）是为王后所建，为此叫王后金字塔，

去中美洲 | Go to Central America

● 庄严的国王金字塔

● 秀丽的王后金字塔

高 38 米，顶部有一个巨大的王后雕像。北面是古希腊式的卫城，附近是一片玛雅人居住区遗址。这里是玛雅人举行各种仪式和宗教活动及大典的最大的场所，能容纳上万人之多，可见它的规模之大，阵容之大。据介绍，在蒂卡尔玛雅遗址中共发掘出 3000 余座建筑和 300 多个石碑、石像、石坛。更让人感到震惊的是这里还发掘出翠玉，对玛雅人而言，翠玉象征着生命和不朽，是非常圣洁的。从出土的翠玉看，玛雅人在几千年前就能镶嵌翠玉，实在不可想象。但这仅仅是一小部分，或者说只发掘了十分之一。建筑包括金字塔、宫殿、庙宇、球场等，其中有 6 座高大的金字塔，包括中央广场上的国王和王后金字塔，最高的金字塔高 72 米，耸立在不远处的丛林中。每座金字塔顶端都有一个庙宇，可从底部沿阶梯一步一步爬上。由于金字塔阶梯斜度为 75 度，攀爬十分危险，曾出现过多次伤亡事故。从林立的石碑铭文看，记载蒂卡尔历史的最早年份为公元 292 年，最晚为 889 年。

出中央广场，穿过一片原始森林，到达 4 号金字塔（Temple4），这是 6 座金字塔中最高的一座，始建于公元 720 年。站在金字塔下向上仰视，压迫感顿生，让人望而生畏。玛雅人在那个时代建造高出 70 多米的建筑，令人不可思议！这座金字塔正处于发掘中，顶尖部分裸露，下半部分还深埋在土丘中，被茂密的森林所遮掩。若想攀登到顶端，还需勇气、力量和胆识。隐隐约约看到已有几人爬到金字塔顶部，不禁跃跃欲试，何不去试一把，领略一下塔顶的风光呢？何况到此不易。身旁的几名来客，都摩拳擦掌，试与天公比高低。于是，鼓起勇气，决定体验一把！

● 中央广场

● 中央广场上的卫城

第二章　危地马拉：厚重的历史遗迹

从半山腰观望4号金字塔

踩着陡峭的土坡，扒开缠身的树枝，越过一道道土坎，穿过一片片丛林……几经心跳，几度险情，当攀至72米高的金字塔顶时，已是汗流浃背，衣湿衫透。当居高临下望着延绵125平方公里的莽莽林海时，瞬间一切疲劳皆抛在脑后，有一种超越世俗的感觉，特别是在林海中间悠然矗立的另5座金字塔，更显示出蒂卡尔玛雅遗址的雄伟壮丽与叹为观止。

在4号金字塔尖，细细观赏了顶部的庙宇。整座神庙坐北朝南，四壁是厚厚的砖墙，房门不大，但紧闭落锁。透过门缝，屋内黑洞洞的什么也看不清楚。这就是蒂卡尔最高的金字塔。站在塔顶，在这接近天际的地方，就是昔日国王崇尚的圣地，是千千万万玛雅人获得力量的源泉。

回程中我在思考：蒂卡尔为什么被联合国评为世界双重遗产？文

去中美洲 | Go to Central America

● 爬到 70 多米最高金字塔顶巅的兴奋

● 茫茫原始森林中显露出的金字塔

第二章 危地马拉：厚重的历史遗迹

化遗产不必说，已有上千年的历史！而自然遗产呢？我想可能是这里的原始森林被完好地保存了下来，同样有着上千年的历史！

蒂卡尔，大自然的造化！

蒂卡尔，玛雅文化的瑰宝！

● 金字塔顶视野开阔

去中美洲 | Go to Central America

危地马拉的首都危地马拉

危地马拉（Guatemala）和伯利兹一样，国家的名称和首都同名，而下一个国家萨尔瓦多也是这样，只不过首都前边加了一个"圣"字。美洲一些国家就是这样重叠，包括墨西哥、巴拿马等。而危地马拉容易让人混淆的是，她还有一个旧危地马拉城，即前首都，也叫危地马拉。也就是说"危地马拉"在这个国家中出现三处。

● 危地马拉首都纪念碑

第二章　危地马拉：厚重的历史遗迹

危地马拉前两个字"危地"，给人的第一印象是危险之地，再加上一些报道中出现危地马拉的"暴力"、"抢劫"、"盗窃"、"非法移民"之类的言词，让人恐慌，进而望而生畏。其实不然，我走在危地马拉境地，感到非常安全，人们都很热情。至于打劫，那是极个别现象，大不必担心。但对于女士特别是青少年来说确实有面临暴力的危险。危地马拉是世界上青少年怀孕率最高的国家之一，每年有上万被强奸受害者，最小年龄在 14 岁，一旦受孕将失去上学的机会，只能到教堂寻找安慰。

危地马拉位于北美洲大陆的南部，西依太平洋，东临加勒比海，分别与墨西哥、伯利兹、洪都拉斯和萨尔瓦多相连。因为该国属于环太平洋褶皱带，所以火山和地震灾害十分频繁，全国共有 33 座火山，其中 4 座为活火山。全国面积 108889 平方公里，人口 1586 万，为中美洲人口最多、土著居民比例最高的国家。危地马拉从 4 世纪到 11 世纪，是古代印第安人"玛雅文化的中心"，这个时期留下很多金字塔和古城废墟，其中的蒂卡尔国家公园和基里瓜考古公园两处玛雅文化遗址被联合国列为世界文化遗产（还有一处世界文化遗产为旧危地马拉城）。1523 年西班牙人来到后摧毁了当地的玛雅文化并开始殖民，直至 1821 年，她才摆脱西班牙殖民统治宣布独立。1822—1823 年这里成为墨西哥帝国的一部分。1823 年加入中美洲联邦。1839 年再次成为独立国。1847 年宣布建立共和国。

危地马拉的名字由来有三种说法，印第安语意为"鹰族人的土地"，土著人称之为"森林之地"，西班牙语意为"喷涌的火山"，而玛雅托尔特语中意为"树木的土地"。

去中美洲 | Go to Central America

● 古教堂

首都危地马拉城是全国第一大城市，人口470万，也是中美洲最大的城市。因原来的首都旧危地马拉城遭受地震的破坏而于1776年迁现址。1823年至1838年曾为中美洲联邦的首都。屈指算来，现首都也有近300年的历史，也算是一座古城吧。

漫步在危地马拉首都，这个建在孔特雷拉斯河两岸的都城，海拔1500米，泛美公路穿越而过。举目望去，鲜花盛开，绿草如茵，被誉为"常青之城"。伴随着车流，那一座座新奇气派的高楼大厦拔地而起，一处处古老的房舍保持原始状态，还有数不清的雕塑、广场、纪念碑。既有殖民时期的建筑，也颇具现代化氛围，过去与现代的融合，将这座有着浓厚历史文化气息的城市展现给世人。穿行在马路，不难发现

| 第二章　危地马拉：厚重的历史遗迹

这座城市的街道是以阿拉伯数字排名的，其中 6 号路为中轴线，6 号路与 2 号路的交汇点为市中心地带，其中央广场有喷水池，周围有国会大厦、大教堂、总统府、国家历史博物馆、中央邮局、中央市场等，是行政和商业的中心。

在中央广场，恰遇全国禁烟活动在此举行，上百列队伍、上千行人从四面八方涌来。他们举着禁烟标语，扛着禁烟牌画，挥动禁烟旗帜，高喊禁烟口号，声势浩大，阵容整齐。报纸、电台、电视台记者跟随采访，现场直播。据介绍，这个国家烟民越来越多，吸烟不分场合，已经造成环境污染和影响到人们的身心健康，为此举行了一次全国性禁烟活动。在活动现场，我接受了国家电视台记者的采访，讲述了中国的一些戒烟情况。

● 国会大厦

● 戒烟活动队伍通过广场教堂

● 戒烟活动在国歌声中开始

第二章　危地马拉：厚重的历史遗迹

● 手持戒烟宣传单

走到国会大厦前，看到这里有群众示威者，抗议政府一些官员的独断和腐败。据阿勒先生说："危地马拉成立共和国后，长期实行独裁统治，1944年起开始民主化进程，但时时爆发社会动荡，直到1966年12月才结束长达36年的内乱。"

广场东边的大教堂始建于1782年，是建城初期的杰作，它应该是

去中美洲 | Go to Central America

都城最早的建筑，见证了城区的发展和繁荣。教堂中装饰豪华，富丽堂皇，保存着安提瓜时代的绘画和雕刻及壁画。这里是宗教的圣地和朝圣者的重要集会场所。

大教堂后身是步行街，多是一些低矮的建筑，街的一侧是中央市场。我特意踏访了这个市场，这是中美洲地区最大的商品市场，中美洲共

● 街头的玛雅人

● 步行街

| 第二章　危地马拉：厚重的历史遗迹

同市场总部就设在这里。走进市场，可见农产品、日用品及印第安人的手工艺品，摆满摊点，商品琳琅满目，货物应有尽有，特别是手工艺品店，屋屋相连，铺铺相挨。泥陶、彩陶堆积如山，木雕挂满屋梁，直到天花板顶，其制作、上色、出售一条龙，现做现卖，非常火爆。一个正上陶漆的中年妇女接受采访时说，她一个月的销售额在1500美元左右。中

● 自信的涂陶女

央市场非常之大，巷深街窄，纵横交错，很容易迷失方向，必须有熟人带领，否则难以走出。

　　危地马拉城是自然灾害频繁的城市，历史上曾遭受4次地震。2007年2月23日，危地马拉城突现一声巨响，塌陷出一个巨大的圆形深洞，周长达500米，洞深100米，其中警察局瞬间消失，摧毁上百座房屋，涉及到700多户居民，吞噬了一部分人的生命……2010年5月31日，因受飓风的影响，危地马拉城区又一次出现塌陷，一幢3层高建筑坠入坑中，导致数千居民被迫搬迁……

　　危地马拉国，玛雅文明的发祥地……

　　危地马拉城，殖民建筑与现代气息的大融合……

● 街景

| 第二章　危地马拉：厚重的历史遗迹

失落的老首都旧危地马拉

　　危地马拉共和国的现首都危地马拉是从老首都旧危地马拉（Antigua Guatemala）迁到现址的。由于"危地马拉"国、"危地马拉"现首都和"危地马拉"旧首都三处名称很容易混淆，为此对于老首都"危地马拉"城有不同的叫法。有称"安提瓜"的，但在加勒比海有一个岛国叫"安提瓜"，为了区分便在"安提瓜"后边加上危地马拉，即"安提瓜危地马拉"；还有称之为"旧危地马拉"的。中国所有地图册的标识均为"旧危地马拉"。安提瓜（Antigua）在西班牙语中是"从前"、"古老"和"旧"的意思。

　　寻找失落的旧危地马拉城，是这次踏访行程的重要一站。因为它于1979年被联合国列为世界文化遗产。再者，旧危地马拉城和墨西哥的墨西哥城及秘鲁的利马城并称为"殖民地三大首都"。以上两项桂冠，引起世人的极大兴趣，是到访者必去之胜地。

　　旧危地马拉城处在现危地马拉首都的西南部30公里处，需要一个小时的车程。途中，一路高山峻岭，一路森林密布，一路农舍点缀。行

去中美洲 | Go to Central America

驶在昔日玛雅人生活的地方,心中有一种复杂的留恋与不舍之感。

上午 10 点多钟,我到达旧危马拉城郊。汽车没有进城,而是按照阿勒先生的指示,一鼓作气直开到十字架山顶上。在此可以居高临下,眺望旧首都全景。

山顶高处竖立了一个巨大的十字架,面对古城其用意和耶稣雕像一样,它在拥抱全城的居民,保佑人们的平安。站在山顶,一幅旧危地马拉城的画卷铺卷开来,四周是荒凉的火山,沿着山峦而下,是一排排、一行行整齐的建筑群,笔直的街道,低矮的房舍,葱郁的树木,让人悄然回到历史的长河……

这,就是著名的老首都旧危地马拉城!

陪同踏访的阿勒先生介绍,旧危地马拉城坐落在海拔 1500 米的火山盆地,周围由三座火山环绕,其中阿瓦火山最为壮观。这座火山是全世界最活跃的火山之一,曾多次喷发。旧危地马拉建城时间可追溯到 1543 年。在这之前的 1523 年西班牙人来到这片土地上,他们实行残酷的消灭政策,大肆毁坏玛雅人的古建筑,推行殖

● 从十字架山顶俯瞰旧都全景

第二章 危地马拉：厚重的历史遗迹

民化，大兴殖民建筑，曾建都圣地亚哥、阿尔莫隆加，后移至这里的旧危地马拉。当时这里的人口达 7 万人之多，是中美洲的文化、艺术、宗教中心。西班牙在这里设置的总督府，管理着除巴拿马以外的中美洲地区，当时危地马拉殖民政府的管辖范围很大，包括今天中美洲各国全部土地加上墨西哥的恰帕斯州，可见它的规模之大。但这里处在地震带上，连续的大地震使这个古城屡遭严重破坏，特别是 1773 年的大地震重创了整座城镇，所幸还有一些建筑仍从废墟中保留下来，1776 年政府不得不将首都迁往危地马拉城，即首都现址。

"昔日风光已不存在，但它留下的历史遗址特别是殖民建筑成为后人追寻的热点。"阿勒先生感慨地说。

汽车下山后直奔城区。那一座座低矮的建筑，那一条条笔直的石子街道，那一扇扇装饰精美的门窗，那来来往往穿着奇装异服的玛雅妇女，让你一下子回到 400 多年前的旧危地马拉时代。沿街的咖啡厅、酒吧间、美食店、餐馆、商铺、工艺品店比比皆是，数不胜数，其建筑都保留了西班牙殖民时期的风格和特色。纵横而去的大街小巷是规规矩矩、方方正正的网格式布局，没有一条斜穿和弯形的街道。据介绍，这个古城循着意大利文艺复兴风格兴建而成棋盘式街廓，还受西班牙穆德哈尔风格影响，巴洛克建筑随处可见。

这个占地只有 50 公顷的古城，驱车不到 10 分钟时间就来到城区的中央广场，整个城区街道由此而外延、伸展。街道的名称都用阿拉伯数字 1、2、3……标识。广场中央有水池喷泉，周围许多休闲的人群，夹杂着当地玛雅人穿来穿去贩卖手工艺品。这些人多是妇女，穿着民族

中央广场古喷水池水流哗哗

第二章　危地马拉：厚重的历史遗迹

服饰，兜售衣巾、手帕和木雕，还有一些人头顶箩筐叫卖，出售新鲜水果。更有一些马拉篷车吆喝客人上坐，围着广场及街道欣赏美景。

中央广场四周最有名的是市政厅、大教堂、总督府等殖民时期的老建筑。广场北侧的市政厅始建于1740年，这是一座两层建筑，圆柱支撑着回廊。由近而远望去，非常壮观，透视感、立体感很是强烈。墙

● 市政厅廊柱旁的世界文化遗产标识

● 市政厅外观

体上挂有"世界文化遗产"的标识和说明。市政厅还在使用,里面有雕刻、石像和一些历史纪念物。从二层大厅俯瞰中央广场,格外有诗意和意境,感受古朴和原始。广场南侧的总督府始建于 1558 年,但不对外开放。

● 市政厅仍在使用

● 从市政厅俯瞰广场、教堂、旧总督府及火山

第二章 危地马拉：厚重的历史遗迹

旧危地马拉大教堂（Catedral）色调简洁、明快，耸立在中央广场东侧。这座大教堂始建于1541年，1583年震毁倒塌，于1680年重建，它是中美洲最大的教堂，然而1773年大地震又一次摧毁，震坏

● 大教堂一半震塌、一半重建继续使用

大教堂后一半仍保留了地震被毁残墙

● 地震断墙

● 摇摇欲坠

| 第二章　危地马拉：厚重的历史遗迹

一大半建筑。所以今天看到的一半是 1680 年重建的，而另一半坍塌教堂至今仍保存着。我穿过教堂，看到了另一半倒塌的教堂遗迹，真是残垣断壁！只留下了部分拱顶，还隐约显示出它的宏伟、高大和庄重。

黄色钟楼（Santa Catalina）是旧危地马拉城的地标建筑，处在中心广场一侧延伸的南北向第 5 街、东西向 1 至 2 街之间。它极像一座跨街天桥，又像一道进城城门，鲜艳夺目，非常绚丽。这座钟塔始建于 17 世纪，拱门上的钟楼是 1830 年加的。摄影爱好者习惯从钟楼的拱顶下拍照阿瓦火山，在这取景更带有神秘色彩和艺术效果。当然，在古城内的任何地方都能看到阿瓦火山，它是旧危地马拉城的象征。

出黄色钟塔，过 1678 年建的圣卡洛斯大学，穿行一段街巷，来到一处长方形小广场。广场一侧有一座黄色教堂（Lamerced），始建于 1749 年，另一侧是一排洗衣池，别有风韵。我来到另一处地震遗址

● 旧都地标黄色钟楼

● 黄色教堂

（Paroueo Del Santuario），进遗址大门后，右侧为始建于 1579 年的方济会修道院，大门前两侧有螺旋状圆柱，典型的巴洛克风格，左侧为

● 古洗衣池一字排开蔚为壮观

第二章　危地马拉：厚重的历史遗迹

地震遗址。方济会修道院的名字与埋葬在这里的一名神父有关。据主教介绍："这位神父是西班牙人，1650 年来到这里时年仅 24 岁，他一边在修道院打工，一边把挣的钱分发给穷人。他还开办了诊所，专门为穷人看病，成为名副其实的济贫所。然而，40 岁那年他就去世了。因为做了很多善事，被封称为神父。"他告诉我："这里实际是教堂和修道院，因大地震坍塌后仅留下断墙裂壁，要比大教堂破坏严重得多，已经看不出厅堂的本来面目，几乎是一片废墟，仅存的一处底层作为博物馆，展示从废墟中挖出的石雕、人像、祭坛等物品。"

在旧危地马拉，我又去了卡布诺女修道院、圣克拉拉教堂等地方。

● 存留的地震遗址大门口

去中美洲 | Go to Central America

这座古城自 1773 年遭大地震破坏后，还是保留了一些建筑。其中有 30 多座教堂、18 座修道院、15 座礼拜堂、一所神学院，还有中央广场四周的建筑群。这些建筑都受意大利文艺复兴的启发，在不到三个世纪的时间内，汇集了大批的巴洛克艺术风格建筑，而且扩散到整个拉丁美洲，是殖民时期建筑体系的卓越典范。"巴洛克"意思是奇特、古怪；还含有不整齐、扭曲、怪诞之意，强调空间感、立体感、艺术感，带有一种激情艺术浪漫色彩。旧危地马拉建筑是自然与人文、殖民文化与土著文明的有机结合。但随着首都的搬迁，伴着历史的脚步，这座古老的旧都被遗弃了！

我下榻的宾馆 Hotellas Farolas 是典型的西班牙风格二层楼建筑，院内种满了绿树花草，很是惬意。这一夜是极不平静的，心中久久没能安眠，思绪定格在这座古城……

失落了！古旧的危地马拉……

沉寂了！废墟中的安提瓜……

● 古老的方济会修道院

第二章 危地马拉：厚重的历史遗迹

泛舟阿蒂特兰湖去玛雅人村寨

这是一池纯净的湖水，这是一片平静的湖面，这是一处绝美的湖区……

这就是危地马拉著名的阿蒂特兰湖（Atitlan），被誉为"世界上最美丽的火山湖泊"。泛舟湖上，划破粼粼的水面，浸入红红的晨光，摇动哗哗的船桨，听船公讲述阿蒂特兰湖的故事——

● 阿蒂特兰湖破晓

阿蒂特兰湖是世界上最美的内陆湖之一，位于危地马拉中南部克萨尔特南戈市东部。它的著名在于由三个火山形成，成为世界上少见的火山湖。三座火山面向湖水像仙女一样亭亭玉立，分别为海拔3000米以上的阿蒂特兰火山、托利曼火山和圣佩德罗火山，三座火山于8万年前的爆发形成了阿蒂特兰湖。

阿蒂特兰湖因火山而得名，面积130平方公里，海拔1600米，它是火山下的一朵奇葩，映照着峰峦。若由南而北俯视其形状极像一只绵羊躺卧在群山中，四周是莽莽的热带雨林。湖的周围共有11个村庄，全部居住着玛雅人，至今还延续着玛雅穿着和习俗。因山高林深，这里几乎与世隔绝，玛雅人过着悠闲的生活，从没被外界干扰过，连西班牙人也没有到达过这里，所以此地没有混血人，保留着纯正的玛雅人血统。为此，也引来世上很多参观者，一睹真正玛雅人的风采。玛雅人的名字是由哥伦布起名而来的。1502年，哥伦布第一次在中美洲见到玛雅人，看到这么富有气质的土著人，便称他们为"玛雅"人，玛雅在西班牙语中意为"富有异国风情"。

木舟靠岸。我踏访的第一个村落为帕纳哈撒（Panajachel）村。从这个村拍照火山最为壮观秀丽。这是一个绿化率很高的村镇，只见家家户户花草满院，绿树成荫，有的墙体被藤蔓全部覆盖，成为绿色小屋。那院门就更特殊了，一家和一家装饰得都不一样，真是绿满庭院，花香扑鼻。据悉，这些宅舍中住着很多老外，尤其以欧洲人和美国人居多。这些老外不是在此旅游度假，而是成了这里的居民，因为他们被这里优美的风光所感染，于是选择了永久居住。当然，这些老外也受著名

● 帕纳哈撒村房舍绿意盎然

作家的文章所影响。其中英国作家赫胥黎的笔下曾这样描述："科莫湖，触到了画境般美景的极限，但阿蒂特兰湖犹如科莫湖附加了数座巨大的火山，它实在是美得过分。"

在帕纳哈撒村通向湖边的一条小路旁，居然还有一家"中国长城"饭店，真让人不可思议，这么偏远的地方竟也有中国人来做生意。在街区，有一男一女两个玛雅人见我是中国人，拥上来一定要与我合影，他们说，到这里的中国人很少，尤其是大陆来的人，因为危地马拉与中国没有外交关系，而我就是从第三国经危地马拉驻美国大使馆办下的签证。

离开帕纳哈撒村，乘船半个多小时，来到踏访的第二个村落圣佩德罗（San Pedro）村。这是一座位于山坡上的村落，到达渡口后爬上

● 华人餐馆

第二章 危地马拉：厚重的历史遗迹

一个近乎 45 度的斜坡，两边是玛雅人的房屋，非常密集，临街的建筑几乎都是店铺，还夹杂着一些作坊。我先走进一家咖啡加工厂，大致有三间房子那么大，边加工，边出售，在此喝咖啡的顾客很多。据介绍，这里的山上有很多咖啡种植园，是闻名的咖啡产地。

我继续沿街而行，到达中心广场后，在老的教堂前面竖立着一个巨大的人和鸡的雕像。据说，这里的人们很崇拜鸡，认为那是吉利的象征。广场不大，人却不少，还有牵着羊在这里现挤羊奶卖的老农，很是热闹。但最热闹的是农贸市场，里面有很多很多摆着小摊的当地玛雅人，卖蔬菜的、水果的、服装的，应有尽有。对于我这个外来人说，最有看点的是玛雅人的服饰，特别是穿着绣花花裙的妇女服装、头饰，花红柳绿，鲜艳夺目，让你目不暇接。这些玛雅人身材矮小，面容黝黑。

● 繁华的村街集市

去中美洲 | Go to Central America

这里可是纯正的玛雅人,她们的着装从古至今延续下来,保留了最原始的状态,让我留下极为深刻的印象。

泛舟阿蒂特兰湖的第三个村落是圣地亚哥(Santiago)村,这是最大的一个村落,同样坐落在山坡上,沿街多是工艺品店铺。让人新奇的是这里的玛雅人仍保留着原始的背篓用具。在街道不断看到玛雅人背着沉重的篓筐却非常轻巧地在山路行走,背篓中装着活鸡、蔬菜、粮食等物品,他们就是这样生活着。

● 背柴老农

● 鸡贩

● 菜农

圣地亚哥村也有一个广场,中央也竖有一个人物雕像,那是马克西蒙神(maximon)。马克西蒙是一个融合了玛雅文明、天主教圣人和殖民者传奇人物的偶像。据向导说,这个神既抽烟又饮酒,近乎一个普通百姓,将神和人的距离缩短,所以人们很是崇敬他。

返程了!晚霞映照在湖面,木舟在霞光中行进。船公介绍:"阿蒂特兰湖的水下也很有看点。在水面10米以下,有一个被淹没的古城遗址,可能是公元前600年的,但说法不一,成了不解之谜。目前考古工作者正在探索,等揭开神秘的面纱后欢迎再来!"

阿蒂特兰湖,玛雅人的集结地,令人感怀回味!

阿蒂特兰山,玛雅文明的摇篮,让人流连忘返!

● 感谢船工

第二章　危地马拉：厚重的历史遗迹

温馨提示

危地马拉同伯利兹一样，与中国没有外交关系。签证与前往都不是很方便，可以参考去伯利兹的方式。不过，若得到伯利兹的签证，可以从伯利兹乘汽车到危地马拉边境办过境签证，一般都会放行。再者，只要护照上有美国签证页，中美洲这几个国家都会开绿灯的，他们对护照上的美国签证页很认可，认为美国签证都通过了，还有什么理由阻拦呢，尤其是去过了中美洲第一个国家伯利兹后，签证官就比较放心。进入危地马拉境地，不必担心安全问题，尤其是白天。危地马拉人对中国人是很友好的，一般不会造成伤害。在危地马拉吃住也很方便，这里的旅行者大多为美国人和欧洲人，他们都是来观光的。危地马拉最大的亮点是蒂卡尔玛雅遗址，之后依次是旧危地马拉城、阿蒂特兰湖、现首都，还有世界上仅存的纯正的玛雅人村落……

第三章
萨尔瓦多：世界上最危险的国度

　　萨尔瓦多是中美洲地区最小的国家，而人口密度列居第一。该国处在太平洋沿岸，是全世界最危险的国家，因为每时每刻，你都会有遭遇枪杀、谋杀、暗杀的可能。除此外，该国的危险还体现在火山、地震上。因萨尔瓦多是"火山之国"，又处在地震带上，全国每隔15分钟就有一次火山爆发，而且地震不断。萨尔瓦多同伯利兹、危地马拉等国家一样，是古代玛雅文化的发祥地，原住民均为玛雅人。该国留下大量的玛雅遗迹，有霍亚德塞伦玛雅村落遗址、塔苏莫金字塔等，其中霍亚德塞伦遗址被联合国列为世界文化遗产。

火山之国萨尔瓦多

从危地马拉阿蒂特兰湖驱车东行6小时到达边界，办完出入境手续后进入萨尔瓦多境地。

萨尔瓦多（El Salvador），这个中美洲最小的国家，比伯利兹还小，面积仅为20720平方公里；却又是中美洲人口密度最大的国家，拥有720万人，平均每平方公里就有340多人。

汽车在萨尔瓦多大地上奔驰，呈现在窗外的是丘陵山地。向导兼翻译阿勒先生介绍，萨尔瓦多是一个最危险的国度，危险来自火山、地震和凶杀。

萨尔瓦多处在中美洲火山带上，多火山，尤其是多活火山，被称为"火山之国"。著名的伊萨尔科火山自1772年喷发后，至今没有停止过，每隔15分钟喷发一次，烟云冲天，火光四起，光照百里之外。尤其在夜晚，火光灼天，在太平洋很远的海域都能看到，为此过往行船将伊萨尔科火山比作"太平洋的灯塔"。

大大小小的火山分布在全国各地，仅在首都圣萨尔瓦多（San

第三章 萨尔瓦多：世界上最危险的国度

Salvador）周围 60 公里半径就分布着 7 座活火山和无数死火山堆。火山，特别是突然喷发的火山，对人类的危害太大了。在萨尔瓦多历史上，曾出现过无数次村庄被火山熔岩和火山灰淹没的灾难，最有名的是霍亚德塞伦遗址，那是典型的被火山摧毁而埋没的村落。

至于地震的危害，也绝不亚于火山。萨尔瓦多历史上曾出现过无数次地震，毁灭性的有三次，分别出现在 1854 年、1873 年和 1917 年，尤其是 1854 年的一次强烈地震，几乎把首都夷为平地。

此外，萨尔瓦多是最危险的国度，还表现在凶杀的频繁上演上。全国尤其是首都，每时每刻都被笼罩在死亡的阴影中，每天至少 22 人因枪击丧命，2015 年有 6200 人死于凶杀案，成为世界上最危险的国家。由于凶杀、谋杀、残杀的不断出现，当地人大量外逃其他国家，仅 2014 年外逃美国的人数就达 30 万。

"萨尔瓦多"在西班牙语中意为"救世主"，其实火山、地震，特别是凶杀，救不了生命。这只是一句安慰的话。

● 首都地标十字架纪念碑

去中美洲 | Go to Central America

火山

首都圣萨尔瓦多的名字只比国家的名字多一个"圣"字,坐落于众火山包围的阿马卡斯河谷中,泛美公路从中穿过。这是一个拥有206万人口的都市,曾经是中美洲联邦的首都。

汽车驶进城区,压抑感不由自主袭来,那一系列凶杀、抢劫之类的假想画面挥之不去,紧张的情绪弥漫开来。尽管阿勒向导一再温言安慰,但恐惧之郁,仍无法排遣。

我踏访的第一站是国家博物馆。刚走到馆门口,两个持有真枪实弹的警卫拦住去路,当检查完所有证件后才放行。博物馆为暗红色建筑,分上下三层。这里保留了历史文物真品,记述了萨尔瓦多共和国的历史脉络。萨尔瓦多的原住民为印第安人,公元1522年西班牙探险队首次抵达,1524年这里沦为西班牙殖民地。1823年加入中美洲联邦,这个联邦包含了危地马拉、洪都拉斯、尼加拉瓜、哥斯达黎加等,1841年联邦解体后成立萨尔瓦多共和国。

信步于步行街,着实让人捏一把汗。不过这毕竟是白天,危险性会小一些。再危险,也要抢拍几张街景照片,因为来一趟萨尔瓦多太不容易了。但向导一再嘱咐:不要把大相机和长镜头暴露在外面,否则会吸引抢劫者的视线。一旦出了事,找警察也没用,因为他们内部

第三章 萨尔瓦多：世界上最危险的国度

都有联系。

转眼来到市中心的巴里奥斯广场，这里是圣萨尔瓦多最热闹的地方，也是游人较多地带，更是抢劫者活动猖獗之地。中心广场很大，周围建有议会大厦、国家大剧院、中央大教堂，中间竖立着英雄骑马的雕像，还有一棵粗大茂盛的古树，树下坐满了休闲的群众。走进教堂，很多人在祈祷、朝拜，乞求平安。其实行走于此，感受到的还是好人多，坏人少。治安问题的严峻，大抵源于国家的治理力度。据介绍，这个国家腐败严重，很多税收都进了个人腰包，百姓安全被置之脑后。

● 巴里奥斯广场古树后的议会大厦

西班牙广场在中心不远处，其设计和布置截然不同。广场中心是自由女神像，周围是旧总督府和圆顶教堂。圆顶教堂是在旧教堂遗址上建起来的，整个堂顶为半圆形，彩色玻璃装饰，非常独特和漂亮。

- 西班牙广场纪念柱女神像
- 极有特色的圆顶教堂
- 教堂内彩色玻璃绚丽多彩
- 广场上的骑马雕像

第三章 萨尔瓦多：世界上最危险的国度

在圣萨尔瓦多，我还去了著名的巴尔博亚公园、鬼门台、伊洛潘戈湖、圣萨尔瓦多火山、总统府、耶稣纪念碑广场等。

夜幕降临，我走进一家中餐厅用餐。这位来自广东的中国老板，雇佣了两名持枪的保安，同样是真枪实弹。酒足饭饱后，我去和华人老板聊天，他说："此地确实很乱，但也确实很好挣钱，我这个中餐馆曾遭遇多次袭击，但最后还是坚持了下来。"说完，老板从腰里拔出一只手枪给我看。他说："关键时刻你必须首先开枪，抢劫者也怕硬的。"

圣萨尔瓦多这一夜，是心绪最乱的一夜，虽然没遭受抢劫，但外面确有枪击声、叫喊声，让你不得安宁……

萨尔瓦多，世界上最危险的国度，已经深切体会……

圣萨尔瓦多，一个极不安全的首都，业已验证……

● 首都所有单位门前皆有真枪实弹的保安人员

造访霍亚德塞伦玛雅村落遗址

萨尔瓦多虽然是中美洲地区最小、最危险的国家，但它却拥有一处被联合国列为的世界文化遗产——霍亚德塞伦遗址。这是一个被埋在火山灰下1400多年的玛雅村落，也是迄今为止考古工作者挖掘出的世界上唯一一处地下玛雅村落，令世人惊叹！很多人到萨尔瓦多的唯一目的，就是领略公元600年玛雅普通百姓的住房原貌。

清晨，汽车从萨尔瓦多首都启程西行，向着霍亚德塞伦玛雅遗址飞驰，伴随着车窗外连绵的山峦、起伏的丘陵、成片的丛林，一路欣赏着大地绮丽的风光，尤为壮丽的是喷吐的火山，以及不时发出的一连串火光，在天幕上绘制出绚丽的画面，煞是好看。沿途，身材不高、穿着长裙、围着头巾、背着包袱的村妇，走在公路旁，这便是典型的玛雅人。

说到玛雅人，陪同前往的阿勒先生介绍，玛雅人的历史可追溯到公元前3000年，他们在那个时期就出现在古墨西哥及中美洲一带，在远古石器时代即开始了他们的农耕生活，创造了玛雅文明，其玛雅文化是世界重要的古文化之一，它可以与印加文化相媲美。玛雅人存在和活

第三章

● 前往玛雅遗址沿途行走的玛雅人

动范围在墨西哥的尤卡坦半岛、恰帕斯和塔帕斯科两州及中美洲的伯利兹、危地马拉、萨尔瓦多、洪都拉斯等国，总面积32.4万平方公里，是拉丁美洲的古代文明——玛雅文化的发祥地。在玛雅人的概念中，历史是以千万年为单位释演着无尽轮回，然而人生短暂，人类终究无法掌控自己的命运。玛雅文明突然在历史上消失，甚至连文字都没有完全留下来，成为世界上的一个难解之谜。

萨尔瓦多，同样是原始玛雅人的居住地，是玛雅文化的发祥地之一。

车行一个多小时，来到圣萨尔瓦多西北40公里的罗马卡路提火山脚下，眼前出现一块醒目的世界遗产标识，这就是著名的霍亚德塞伦玛雅遗址，标识牌上介绍了玛雅遗址的挖掘情况，显示其1993年被联合国列为世界文化遗产。

按照世界文化遗产标识方向，沿着山路步行在丛林荒野中，脚下

- 091 -

● 霍亚德塞伦玛雅村落遗址前的世界文化遗产标识

第三章 萨尔瓦多：世界上最危险的国度

全是火山灰泥土，这是一公里之遥的罗马卡路提火山喷发后的火山灰囤积的。由于年代已久，完全看不出火山灰流淌的印痕，这里已成为肥沃的土壤。

走着走着，眼前突然出现一个大坑，足有10米多深。坑下出现了一座座农舍村屋，原来这就是被挖掘出的霍亚德塞伦玛雅村落遗址。只见深坑中被挖出了一座座房舍，一块块院落，一处处墙体。房舍中的门廊、卧床、灶台、厅堂、仓库十分清晰；院墙篱笆、茅草屋顶、房外围栏显露得真真切切；还有果园、菜圃、麦场袒露在村落旁。这些茅草房屋和墙体都是黏土垒起，黏土中也夹杂着一些木棍和柴草。这就是被埋1400多年的霍亚德塞伦村落，原汁原味地被保存了下来，呈现在世人面前。

在霍亚德塞伦遗址，我参观了三个深坑中挖掘出的古房舍。跟随

● 深埋在地下土层中的院落及墙

去中美洲 | Go to Central America

● 深埋在地下土层中的院落及墙

● 挖出来的住宅房舍

第三章　萨尔瓦多：世界上最危险的国度

● 厨房及灶台

● 仓库

的讲解员说，这里本是一片荒芜的丘地，谁也不曾知道这里的地下掩埋着古玛雅村落。那是1973年，政府在这里建造一个粮食贮窖，挖地基时无意发现了这里的遗址，于是考古工作者开始进驻，并陆续挖掘。现已挖掘出5处遗址，确认17座屋舍建筑。据考证，大约在公元600年，罗马卡路提火山突然喷发，导致位于火山附近的霍亚德塞伦这个牧区村落被火山灰瞬间吞噬，周围5平方公里的土地完全被火山灰埋没了，村落被厚度达10米之多的火山灰完全覆盖。由于村落保存完好，很有考古价值。迄今为止，此遗址是人类在西半球发现的唯一一处人类遗址。它可与举世闻名的意大利庞贝遗址和赫库兰尼姆遗址相提并论。

跟随着讲解员的脚步，一边走一边听取介绍："这种纯正玛雅普通人生活和居住的地方，在其他地方是看不到的，只有在这里才能真正领略。"最后，我们来到了一个小型博物馆，馆内展出了从霍亚德塞伦遗址中出土的文物。我看到展架上摆放的陶器、贝壳、鹿角、瓷罐、铁锅、香料瓶，还有用骨、木、石制造的工具，有装粮食的容器，还有一些农具。这都是在火山爆发时，村民们慌忙逃离时留下的东西，它们都被原封不动保存了下来，成了珍贵的文物。从这些文物中，可以了解到1400多年前玛雅人真实的生活状况，可以看到玛雅文化的存在。

返程的路上，望着远处喷吐的火山，回想被火山灰埋没的霍亚德塞伦村落，回味1400多年前的历史，人类就是这样艰难地存活着……

● 出土陶器

● 出土石器

萨尔瓦多的金字塔

　　萨尔瓦多，在哥伦布登陆前，主要是玛雅人生活的地带。沦为西班牙殖民地后，玛雅文明逐渐被忽视并消亡。而在萨尔瓦多这片昔日玛雅人主宰的土地上，留下的大片大片遗迹，重又让人类关注起玛雅文明，其中众多的金字塔群遗址就是玛雅文明最有力的见证。

　　我离开霍亚德塞伦玛雅遗址后，驱车穿过大片丛林，十多分钟后来到密林中的一处金字塔群。门口一块白色牌子标注了金字塔名称，上面英文显示：PARQUE ARQUEOLOGICO SANANDRES。而大门一侧墙体上写着：MUSEO CARLOS DE SOLA 字样。据解说员讲："这里的金字塔是萨尔瓦多境内仅次于塔苏莫金字塔的第二大金字塔群。现在正处于挖掘阶段，还没有真正揭开它的面纱。"

　　当我跨过门槛，走进景区后，面前呈现了若干个金字塔群。一个个金字塔全被厚厚的野草所覆盖，看不到它的真面目，比如石阶、庙宇、外墙等。但是中心广场还是保留了它的原状。站在广场上看，周围共有5座大的金字塔，其中有两座从底部挖进去一个通道，发现金字塔下面

| 第三章　萨尔瓦多：世界上最危险的国度

● 金字塔遗址景区大门

● 走进景区后皆是被草甸覆盖的金字塔

是玛雅人首领的墓穴。陪同的解说员翻译说："它的历史可追溯到公元前300多年，这里是玛雅国王举行祭祀活动的场所。玛雅人是这里最早的原住民。也证实古代的萨尔瓦多境地，它和相邻的危地马拉、洪都拉斯一样，是玛雅人的天下。"

踏着地下的泥土，走向1号金字塔，感受那岁月的沧桑，历史的久远。在1号金字塔开挖处，显露出一块裸露的墙体，石洞上有雕刻，有花纹，还有祭台。"在这里出土了一些文物，如陶器、泥罐、瓦砾，还有记载天象的石盘。"解说员介绍："从这里出土的文物和其他地方出土的文物可见，玛雅人的天象计算很有研究价值。玛雅人的天象年历的计算有很深的内涵，在那个时代推算出世界末日、生辰周期、春分夏至等，显示出玛雅人的聪明才智。"

● 1号金字塔

● 从1号金字塔中出土的文物

-101-

去中美洲 | Go to Central America

讲解员说，在玛雅遗址中，从很多庙宇和石碑中发现一组一再重复的密码：1366560，这是玛雅人的"圣数"。说到此时，解说员用一张纸写下这一"圣数"的奇怪现象：

1366560÷11=124232.72727272……（其中7+2=9）

1366560÷22=62116.36363636……（其中3+6=9）

1366560÷33=41410.90909090……（其中9+0=9）

1366560÷44=31058.18181818……（其中1+8=9）

1366560÷55=24846.54545454……（其中5+4=9）

再看"圣数"公式：1366560=（144000+7200+360+260+20）×9

1366560÷36÷26÷4=365（每年的天数）

1366560÷36÷26÷16=91.25（每一季度的天数）

1366560÷26÷18÷5=584（金星历年的天数）

从这一系列数字计算中可见玛雅人的智慧，太令人惊叹！

最后，登至金字塔顶，仰望圣安娜火山，眼前又铺展出一幅绝美的画卷。

● 在金字塔顶眺望圣安娜火山

塔苏莫塔速写

在萨尔瓦多,最著名的金字塔为塔苏莫(Tazumal),这是各国游人必去之地。

我驱车西行到达萨尔瓦多第二大城市圣安娜城。

圣安娜城一带有一座圣安娜火山。这是一座萨尔瓦多西部的火山,海拔2385米,为全国最高的活火山,在松索纳特以北约16公里处。1920年喷发过一次,有火山湖,但内部仍在不断活动,高度在继续增加。

圣安娜城是一座古城,城中全是西班牙殖民时期的建筑。圣安娜,在教徒中人人都知道圣母的母亲叫圣安娜,古城中还保存着圣安娜大教堂,看上去很气派,蔚为壮观。大教堂旁边建有古老的大剧院,非常漂亮,充满欧洲建筑特色。

让中国人知道圣安娜这个城市,还是在2015年12月30日新华社发布的一条消息:萨尔瓦多前国脚帕切特的葬礼在圣安娜举行。体育健将萨尔瓦多国家队前后卫阿尔弗雷多·帕切特在一家加油站附近遭枪击

第三章 萨尔瓦多：世界上最危险的国度

塔苏莫金字塔隐藏在大森林中

石阶通向金字塔顶

身亡，年仅 33 岁。

汽车驶出圣安娜城南行，来到查丘瓦帕（Chal Chuapa），这是塔苏莫金字塔所在地。站在塔苏莫金字塔前，真让人惊叹！不愧为萨国最著名的玛雅金字塔遗址，其高度为 23 米，是萨尔瓦多国家境内最高

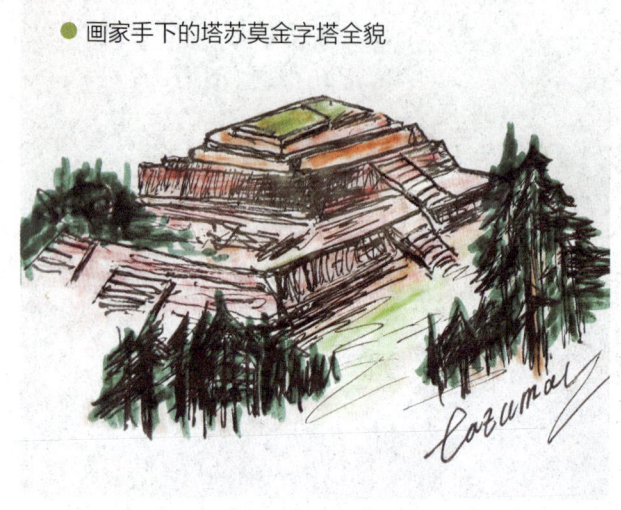
● 画家手下的塔苏莫金字塔全貌

的一座。看上去，这座金字塔裸露在世人面前，其石阶、台面、庙宇非常清晰。解说员说："塔苏莫金字塔的独特之处，在于它经历了玛雅文明的三大阶段，即初级、中级、高级阶段，这在其他金字塔中是不能比的，尽管危地马拉的蒂卡尔更高、更大，但它只涵盖了玛雅文明的初级和中级阶段，不能与塔苏莫相比。"

塔苏莫金字塔也设立了一个博物馆，馆内展出了珍贵的出土文物，塔苏莫经历三大文明阶段，是从出土文物刻录的时间上证实的。这是这座塔的魅力所在！

在金字塔前，当地讲解员接受了采访，她说："前哥伦布时期，美洲有三大文明，即源于墨西哥北部的阿兹特克，覆盖墨西哥东南部及中美洲的玛雅以及南美的印加。至于玛雅文明，这里的塔苏莫金字塔体现得较为充分。塔苏莫金字塔在整个玛雅遗址中，比不上蒂卡尔，但它有它的特色。"

当谈到玛雅文明在中美洲的地位，讲解员说："玛雅文明散布在中美洲的伯利兹、危地马拉、洪都拉斯、萨尔瓦多这几个国家，最近在尼加拉瓜考古挖掘中也发现了类似玛雅遗址的废墟。这说明玛雅遗址不仅

● 尚未开发的金字塔

去中美洲 | Go to Central America

仅在这几个国家,所占疆域可能还要扩展,目前这些都是一个谜……"

在回答玛雅人的历法时,这位讲解员说:"玛雅人的历法一个月等于20天,一年等于18个月,再加上每年之中有5天的忌日,一年实际天数为365天,这正好与地球自转相吻合。"

谈到玛雅人的世界末日,解说员是这样回答的:"根据玛雅历法,我们生存的世界,共有5次毁灭和重生的周期。每一周期即为太阳纪。玛雅人认为我们现在处在第4个太阳纪,而2012年12月22日是第5个太阳纪的开始,而在每个太阳纪结束时,地球上会发生毁灭的悲剧。这就是地球末日的说法。事实上,在2012年12月22日左右,太阳黑子活动达到了史无前例的高峰期,释放了很强的能量。但是没有达到地球毁灭的程度,没有出现世界末日。"

塔苏莫金字塔也出土了历法。

"塔苏莫"在玛雅语中意为"焚烧牺牲者之地"。塔苏莫金字塔是萨尔瓦多的符号,已被印制在邮票上,成为这个国家的名片和象征。

第三章　萨尔瓦多：世界上最危险的国度

温馨提示

去萨尔瓦多最快捷的途径是从危地马拉或洪都拉斯边境获得签证，或者乘飞机经第三国到萨尔瓦多首都机场落地签。但切记，护照上一定要有美国的签证页，这样一般不会被拒签。至于安全问题，这个国家确实存在一些隐患。但住地都有持枪者严格把守，就连餐厅等都有持枪警卫，不会放进可疑人。另外，白天活动一般情况下不会出现什么问题，但不要暴露钱包、高档首饰及照相设备。到了晚上相对比较危险，尽量不要出门。若一定要出去，最好几个人一起行动，或者请保安和警卫持枪跟随，但需要付小费的。

第四章
洪都拉斯：政变最频繁的国家

　　洪都拉斯处在中美洲中部，是中美洲较大的一个多山国家。但是这个国家政局不稳，是中美洲乃至全世界政变最频繁的国家。接连发生的政变，导致整个国家动荡不安，带来一系列灾难和困境，使得她成为拉美最不发达的国家之一。洪都拉斯近几年开始发展旅游业，将科潘玛雅遗址作为首推重点，同时还推出普拉塔诺河生物圈保护区，将这两处世界遗产展示给世人。洪都拉斯的西部为玛雅文明中心之一，留下大量玛雅遗址群，其中科潘玛雅遗址是整个玛雅遗址中雕刻艺术最完美之地，有"玛雅的巴黎"之美誉。该国的罗阿坦岛是一个风光秀丽之地，定会让您流连忘返……

科潘，玛雅的巴黎

洪都拉斯最大的亮点应该是科潘玛雅遗址，她曾是历史上光彩璀璨的玛雅文化发祥地。科潘玛雅遗址是整个玛雅遗址中雕刻最完整、艺术最发达之地，是玛雅文明中最古老的古城邦，有最宏大的建筑群，尤其是石刻和象形文字，有着极高的艺术造诣和研究价值，极为罕见。它与奇琴伊察、蒂卡尔、帕伦克等玛雅城邦可媲美，赢得了"玛雅的巴黎"称号。1980 年被联合国列入世界文化遗产。

科潘在玛雅语中是"桥"之意。科潘玛雅遗址位于洪都拉斯西部边境，当我来到这里探访，瞬间便被这片如此大规模的玛雅遗址建筑群所折服！与其他玛雅遗址不同的是，这里散布着遍地的石碑篆刻，密密麻麻的象形文字，随处可见的蛇雕艺术……在很多方面超越了其他玛雅遗址。

走在科潘玛雅遗址，这是一个 13 公里长，2.5 公里宽的峡谷带。在这个面积为 32 平方公里的地带，布满了玛雅遗址建筑，其中有金字塔、广场、庙宇、球场、石碑、象形文字石阶、人像雕刻、祭坛、住宅、

● 科潘玛雅遗址金字塔前的祭坛

● 著名的象形文字石阶梯道如梦如幻……

墓地等建筑。我一边走，一边听取讲解员介绍有关科潘玛雅人的历史。

早在公元前 1100 年科潘一带就有了玛雅人，他们在这里居住、劳作、生活，世世代代，生生不息，走过悠长的岁月。当历史的车轮转到公元 426 年，一个叫蓝鸟的人，从北方的众神之城特奥提华坎辗转来到这里，组织当地玛雅部族立国称王，名为科潘王朝，并在此定都扩建城邦。国王蓝鸟胸怀大略，有计谋，擅权术，精通祭祠之术，很快得到玛雅人的认可和拥护。科潘王朝很快发展起来，城邦迅速扩大，房舍建筑很快建满了整个谷地，成为玛雅南部最大的城邦。科潘王朝一代接续着一代，蓝鸟的子孙后代一直推动着科潘王朝的发展进程。在公元 628 年到 738 年，即灰虎和十八兔在位期间，科潘王朝达到鼎盛时期，科潘城邦发展到 3 万多人。但到了公元 822 年，科潘王朝的末代国王图克登上王位不久，科潘像玛雅其他城邦一样，骤然消失了！留下的是空无一人的城邦，一直掩没在大森林中，从此无人问津，无人知晓。1576 年，西班牙的迭戈·加西亚在穿越大森林去往洪都拉斯的途中无意发现了科潘遗址。

据介绍，玛雅文明被划分为三个时期。第一时期为公元前 1500 年至公元 300 年，称之为前古典期。第二时期为公元 300 年至 900 年，称古典期。第三时期从公元 900 年至 16 世纪，为后古典期。在古典期，科潘、蒂卡尔、帕伦克并称玛雅文明三大城邦。三大城邦中，蒂卡尔为最大；帕伦克为最美，被誉为"美洲的雅典"；科潘的象形文字最具魅力，被称为"玛雅的巴黎"。

穿过祭坛、神庙、石台等玛雅遗址，我来到象形文字石阶前，一座宏伟的金字塔矗在前,那样壮阔,那样威武,又那样的精致。这就是著名的象形文字石阶梯道。只见一层层写有象形文字的石阶,一直延伸至天顶,足有 20 多层楼高。我数了一下,共有 67 级台阶,由 2500 多块方石砌成,每个台阶的每块方石上都刻着象形文字,每个象形文字的周边由花纹围绕,共刻着 2000 多个象形文字。石阶梯道宽 10 米多,两侧分别刻着带有花纹的蟒蛇。这是迄今为止发现的玛雅遗址中最长的铭刻,被誉为"象形文字的梯道"不无道理。

当地解说员说:"科潘共有 16 个国王,石阶上的象形文字刻着国王的历史和故事。最下面一层是第 16 任国王,再向上是 15、14、13、12……任国王。"

象形文字梯道前竖立着巨形石碑,上面的雕刻异常精美。为了保护遗址不被人踩踏,管理人员已用绳索围起来,来访者只能从外围观看,而不能走近。

过象形文字梯道金字塔,是一个很大的广场。广场上有很多很多石碑、石虎、石龟,它们有耸立着的,有躺倒着的,有半卧的;有的只剩半截,有的略有残缺,有的破碎不堪。石碑上的雕刻非常精致,有

● 墙壁群雕栩栩如生

去中美洲 | Go to Central America

● 神情各异的国王雕像

第四章　洪都拉斯：政变最频繁的国家

很多人物肖像及动物图案，栩栩如生，活灵活现，还有象形文字。这些石碑记述了玛雅的历史和各个朝代的情况，其中有王子的诞生、继位、死亡及战争等，述说着曾经的辉煌，带给人们无限的遐想。最为醒目的是蓝鸟国王的石像，非常逼真。面对蓝鸟国王雕像，解说员说："有人曾说蓝鸟国王是中国山东人，这不大科学，也不靠谱，因为玛雅人

● 中心广场正面威严的太阳神石雕像

● 坐落在遗址群中央的太阳神中心广场

是不会让外族的人来领导的,对于国王,肯定是本族人即玛雅人的首领。否则,他的政权不会巩固。"广场上的石碑,分别刻有16任国王的塑像。

在科潘遗址,还踏访了球场、观望台、集会场所、祭祠之地、地下建筑、国王宫廷、神庙等。印象较深的是"太阳神"的头像石雕,处在神殿的台阶中央。这座神殿石阶足有40多层,我从底层一直爬到中间,近距离观察到了"太阳神"石像。石像周围还有几个类似金星的图像及浮雕。

走近对面的神殿,只见刻着的狮头人身像手里紧握几条蛇,嘴里还含着一条蛇。离这不远处的神殿顶部,一对巨蛇张开大嘴,很是可怕,让人望而生畏。据讲解员介绍:"玛雅人认为蛇是神的化身,很多地方都是有关蛇的雕刻。玛雅遗址共有6个神殿,每个神殿供奉的神也不一样,有的供奉'风神',有的供奉'雨神',还有的供奉'蛇神'"。

● 巨形蛇神雕刻威武雄壮

踏访快要结束,我忍不住问起解说员象形文字是如何解读的?解说员介绍,科潘玛雅遗址西班牙人首次发现后的几百年间,一直被放

第四章 洪都拉斯：政变最频繁的国家

置，没人问津。当地玛雅人不知道那是他们的祖先，因为文字已失传，谁也读不懂。而西班牙人尽管发现，也不知道是玛雅遗址。公元1839年，美国探险家史蒂芬和卡瑟伍德，来到此地，认定此处是玛雅遗址，并代表着辉煌的玛雅文明。在史蒂芬的日记中写道："科潘遗址就像一只散了架的古船，搁浅在一片茫茫的林海中。"1960年，俄裔的玛雅专家普罗斯科拉亚科夫，在哈佛博蒂博物馆，利用俄国人罗索夫的方法，终于破解了石碑上的玛雅文字，破译文字的过程中逐渐塑造出精通数字、星象、献祭的玛雅人形象。

踏访完科潘遗址，从感觉上看，它没有蒂卡尔玛雅遗址那么大，但是它的36块石碑、6座神庙和象形文字石阶，有着独特之处，对了解整个玛雅历史，起着非常重要的作用。

● 形态各异、形式多样的石碑雕刻

去中美洲 | Go to Central America

- 120 -

| 第四章　洪都拉斯：政变最频繁的国家

离开科潘玛雅遗址后，驱车 20 分钟，到达距玛雅遗址只有一公里路程的科潘市。科潘市是科潘省的首府，有 8 万人口。科潘市是一个古城，有着上千年的历史。走在科潘古城大街，古老的建筑随处可见，遍布着很多古店铺、古旅店、古房舍。古城中心是一个古广场，周围有古老教堂、古博物馆、古咖啡店。广场中有很多各式各样的石雕，其中有玉米雕、青蛙雕、猴雕、龟雕等，反映了古城的文化艺术，记述了古城的历史。

科潘古城的夜晚是欢腾的，玛雅人的后裔在广场上载歌载舞，展示玛雅传统文化，传递玛雅古代文明……

● 石墩雕刻生龙活虎

去中美洲 | Go to Central America

去往洪都拉斯旧都科马亚瓜

　　汽车在洪都拉斯（Honduras）大地上飞速行驶，向着旧首都科马亚瓜市进发。我是从科潘市启程的，科潘距旧首都230公里。

　　洪都拉斯是一个多山国家，在11.2492万平方公里的国土面积上，布满了高山丘陵，是中美洲山脉地形最为显著的国家。由于山地较多，矿产资源非常丰富，蕴藏着金、银、锑等多种稀有矿，其中白银的贮藏量在中美洲占第一位。由于山地地势较高，很适合咖啡的种植，目前这里种植的咖啡面积达28万公顷，为中美洲第二大、世界第十大咖啡出口国。而这里的土地还非常适合种植香蕉，香蕉的出口量居世界第一位，为此她还有"香蕉之国"的美誉。

　　行车途中，向导兼翻译阿勒先生讲述了洪都拉斯的历史。洪都拉斯最早的原住民为印第安人，其西部地区为玛雅人居住地。1502年哥伦布在此登陆。1524年沦为西班牙殖民地。1537年至1539年印第安人举行起义，反对西班牙人殖民统治。1821年宣布独立。1823年加入中美洲联邦，1938年解体后成立共和国。

第四章　洪都拉斯：政变最频繁的国家

洪都拉斯共和国自 1821 年成立后并不安宁，一直到 1978 年，共发生 139 次政变，是中美洲乃至拉丁美洲政变最频繁的国家之一。1957 年大选中由自由党莫拉莱斯胜选担任总统。1963 年武装部队司令阿雷利亚诺在美国策动下发动政变，推翻莫拉莱斯政权，并于 1965 年当选总统。1971 年国民党克鲁斯竞选获胜，但执政不久，阿雷利亚诺又一次发动政变上台。1975 年武装部队司令卡斯特罗发动政变，取代阿雷利亚诺。而 1978 年武装部队司令加西亚发动政变，组织成立以他为首的军人委员会。2010 年国民党洛沃任总统。洪都拉斯的格言是：自由，主权，独立，但其政局却一直不稳。

由于政局不稳，洪都拉斯成为拉美最不发达的国家之一，但旅游

● 洪都拉斯境内风光无限

去中美洲 | Go to Central America

业发展迅速。除科潘玛雅遗址，另外还有普拉塔诺生物保护区，分布在普拉塔诺河流域的热带雨林，那里有许多濒临灭绝的物种，还有一直生活在这片土地上的土著。保护区内具有重要考古意义的遗址200余处。2000多位土著沿袭其传统的生活方式居于此地。1982年，普拉塔诺河生物圈保护区被联合国列为世界自然遗产。该保护区是墨西哥向南至中美洲生物走廊的一部分。

伴着公路两旁的火焰树花，一路的青山绿水。车行一个多小时，路过一个叫桑塔库鲁斯（Santa Cnur De Yojoa）的地方，顺便观看普尔哈唐扎克瀑布。瀑布从一个悬崖上流下，波涛奔泻，汹涌澎湃，很有气势。这里已开辟成为一处景点，供游人参观欣赏。据介绍，洪都拉斯不仅山多，河流也多，形成了很多瀑布，风光优美。

汽车继续前行，窗外美丽壮观的山川景色令人目不暇接。沿途看到的农舍年代久远而比较陈旧，还有老牛拉破车，用扁担担草捆，用背篓背蔬菜，一切都那么原始而自然。我还看到群众抗议政府的车队，喊着口号，打着横标，气氛热烈。总之，我看到了一个真实的洪都拉斯。

临近中午，汽车拐进美丽的YOJIA湖边农场，享用午餐。这是一个古老的农场，种植着大片的咖啡，实际是一个咖啡种植园。农场里

○ 湖边农场风光秀丽

● 普尔哈唐扎克瀑布
飞流直下

去中美洲 | Go to Central America

有几座古老的房舍,摆放着古老的农具。我在与农场主交谈时了解到,他在种植咖啡的同时,利用湖岸的优势,还经营宾馆、饭店、商铺及咖啡专卖部。他在湖边盖了几座湖景房,搭建了伸向湖水中的观景桥,还准备了小木舟,将这里的环境设置打造得非常美丽、幽静和舒适。餐后,我与几名欧洲客人荡舟湖面,深感惬意。想不到洪都拉斯的乡下是如此怡人。

青山相伴,绿水相随。下午3点多钟到达洪都拉斯前殖民首都科马亚瓜(Comayagua)。这是一座古城,始建于1537年,人口5万。窄小的街道上有很多殖民时期的建筑,有建于1632年中美洲最古老的大学,其标志性建筑是中心广场上的老教堂,据悉这是中美洲地区最古老的天主教堂。攀登到塔顶,那里悬挂着一座古老的大钟,是世界上少有的古钟之一,已有980多年的历史。它在西班牙使用500年,

● 旧首都科马亚瓜城街景

第四章 洪都拉斯：政变最频繁的国家

在洪都拉斯使用 480 多年，古钟全部是机械装置，齿轮已是锈迹斑斑，但转动仍然很是灵活。几百年一直在转动，而且每 15 分响一次，走得非常准确。这个大钟是西班牙入侵时装置的，据介绍，这是中美洲地区最古老的大钟。

参观旧都后，刚要离开科马亚瓜，古钟声响起！那样厚重，那样深远，在古城中飘扬、震荡……

● 广场上的老教堂

● 从教堂大钟下向外眺望旧首都

● 近千年的古老大钟

首都特古西加尔巴新貌

老首都科马亚瓜距现首都特古西加尔巴（Tegucigalpa）60公里。

当行进的汽车将要进入首都市区时，公路左边出现高高长长的铁丝网墙，还有岗楼岗台，戒备森严，后听介绍才知是美军基地。美军基地不仅在首都有，在该国东部加勒比海岸的加拉达加斯，也有美国的海军基地。可见，美国与洪都拉斯的关系不一般。从军事基地可以看出，此国应该由外国掌控。其中，1963年的政变就是在外国策动下发动的。这里可称为美国的后花园。

进入特古西加尔巴城，映入视线的墙顶、门楣、屋顶全是铁丝网。据介绍，在洪都拉斯，特别是首都，不法分子入宅袭击、盗劫成风，抢杀案屡屡发生，居民没有安全感。在阿勒先生带领下，首先攀登到海拔1300米的皮卡乔山上，在山顶悬崖边上竖立着一尊巨大的耶稣雕像，高达37米，面向市区，拥抱着全城，成为特古西加尔巴人民的保护神。耶稣像雕工细腻，制作精良，面目慈祥。由于恰恰耸立在崖石边，无法取景，难以拍照，只能从侧面定格在相机中。耶稣雕像周围树木高大，

● 皮卡乔山巨形耶稣雕像面朝全城

● 耸入云天的纪念碑

第四章　洪都拉斯：政变最频繁的国家

● 俯瞰首都全景

热带植物种类繁多，现已开辟成"联邦公园"，处在一个叫苏亚巴的地方。从这里向山下俯瞰，整个首都的全貌尽收眼底，整个城区被四周群山环抱，坐落在河谷地带，地形十分险要。因为周围大山林立，铁路难于修通，成为世界上少数不通铁路的首都之一。乔卢特卡河从市区流过，河的左岸为老城区，地势高低不平，街道狭窄，房屋拥挤，古香古色，是行政、商业的中心。河的右岸为新城区，地势平缓，高楼大厦林立，现代化气息浓重。

下山后，我们穿过横七竖八的街区，来到市中心，走向中心广场，恰遇这里正在举行爱心活动，广场中聚满了人群，争相观看。阿勒先生一再警告我一定要注意安全，这里的治安很乱，让人忧虑，它和萨尔瓦多一样，是全世界暗杀率最高的国家之一，抢劫者更是很多。广场最明显的标志是中央矗立的洪都拉斯民族英雄、中美洲独立运动的杰出

● 如潮涌般的步行街人满为患

● 街边的民族服装橱窗

活动家弗朗西斯科·莫拉桑雕像。周围有圣米格尔大教堂、国家博物馆、政府办公大厦和一些商业摊点。大教堂始建于16世纪,为西班牙人所建,

● 人山人海的中心广场及民族英雄雕像

● 雕像特写

去中美洲 | Go to Central America

● 中心广场圣米格尔大教堂

● 教堂内金碧辉煌

| 第四章　洪都拉斯：政变最频繁的国家

走进教堂，看到大厅中金碧辉煌，全是镶金墙面。博物馆展出了历代文物，还有玛雅时代的象形文字等，反映了洪都拉斯的悠久历史。

博物馆内，阿勒先生介绍了特古西加尔巴的历史。

1550 年，西班牙人来到这里寻找矿藏，几经勘察，终于在此地发现了大银矿，而且贮量丰富。于是在这里建立了特古西加尔巴皇家银矿。他们发现银矿的这一天是 9 月 29 日，恰为西班牙人圣·米格尔·德·特古西加尔巴的圣日，为此这一天就成了特古西加尔巴建立的日子，"特古西加尔巴"在印第安语中为"银山"之意。1579 年当地政府在此设立村子，1762 年由村改为镇，1780 年由镇改为城。当发展到 18 世纪中叶，特古西加尔巴成为中美洲地区最富裕的三大城市之一。1849 年被确定为首都。今天，已发展为拥有 100 多万人口的大都市，占全国总人口的八分之一。

在首都城区，我们走进了总统府、议会大厦、国家博物馆、大教堂，

● 议会大厦

● 旧总统府

又去参观了农贸市场、木刻商店及老城区街道。

之后，从首都中心广场驱车半个多小时，来到圣塔鲁西娅银矿遗址，这里是首都特古西加尔巴的发祥地。最初建立的村落已变成矿区职工的

● 圣塔鲁西娅银矿遗址

第四章 洪都拉斯：政变最频繁的国家

生活区，站在山顶观望，矿区住宅错落有致，依山而建，而且全是西班牙殖民时期的建筑。银矿已经采尽，留下的是废弃矿坑。老矿区、老住宅、老教堂、老总督府等建筑被保存下来。目前，洪都拉斯政府已将此地开辟成教育基地和旅游景点，告示来访者，这里是西班牙抢走矿藏的罪证，也是首都始建的起点。

距圣塔鲁西娅矿区小镇不远处的天使谷，也是殖民时期的矿区小镇，当我来到这里时，看到街区全是殖民时期建筑，这也是西班牙殖民时期留下的矿区住宅遗址。街墙上的涂鸦有很多联想画、梦幻图、裸体像，欧洲风味非常浓重，大抵是受了殖民时代的感染。这座昔日天使谷矿区小镇很有特色，是洪都拉斯一道美丽的风景线。

特古西加尔巴，一座既悠久又现代的美丽城市！

洪都拉斯，绚丽灿烂的玛雅文化发祥地！

天使谷中心广场

去中美洲 | Go to Central America

度假胜地罗阿坦岛

　　清晨，朝阳未升，踏着月光，从洪都拉斯首都特古西加尔巴启程一路北上，纵向穿越洪都拉斯国土，到达最北部沿海城市拉塞瓦。随后又乘渡船跨越30多公里的海峡，登上罗阿坦岛。

　　罗阿坦岛是洪都拉斯北部巴伊亚群岛中的主岛，它是一个东西向

● 游轮停在港口

第四章 洪都拉斯：政变最频繁的国家

狭长的海岛，长60公里，宽约4公里，面积240平方公里，像一条鳗鱼横卧在加勒比海中。整个岛的周围被巨大的珊瑚礁所环绕，海水晶莹透亮，清澈无比，是著名的潜水胜地，被誉为"中美洲的天堂"、"世界度假胜地"。

渡船靠岸后，有当地黑人穿着民族服装击鼓弹琴，高歌欢唱，显示出对远方来客的热情欢迎。

● 罗阿坦岛击鼓迎客的乐队

据阿勒先生介绍，罗阿坦岛隶属巴伊亚群岛省，首府为罗阿坦主岛上的罗阿坦镇。1502年，西班牙航海家哥伦布首次在此登陆，后此地沦为西班牙殖民地。1770年，英国殖民者占领，并将加勒比海岛屿上的黑人和加勒比人输送到该岛。1859年该岛归属洪都拉斯。由于历史原因，罗阿坦岛主要是英国人、黑人和加勒比人，全岛共8万人，而洪都拉斯本地人却很少。岛上尽管官方语言为西班牙语，但人们通常习惯用英语交流，而对于年轻人和儿童，则实行双语教育，

去中美洲 | Go to Central America

即西班牙语和英语。

去往首府罗阿坦镇的路上,全是热带雨林,潮湿、阴暗,密密麻麻。据悉,岛上的森林覆盖率达90%,岛民主要靠椰树、香蕉和打鱼为生,近些年旅游业发展迅速,逐渐成为经济支柱。当来到首府时,这个只有2万多人的小镇挤满了从欧洲来的旅客,街上咖啡厅、商铺、手工艺品

● 小镇街道

● 广场古老的钟塔是岛屿的地标

第四章 洪都拉斯：政变最频繁的国家

● 街头人物百态

商店、餐馆一家挨一家，向旅游客人开放，非常火爆。两旁的建筑均为殖民时期的产物，其地标为镇中心的钟塔，有三层楼高，四面镶嵌着大钟。钟塔一侧竖有一个标牌，为"联合国保护标记"，旁边有一个持枪卫兵把守。小镇上，设有一家银行、一家医院、一所学校、一家超市、一家邮局。大街上黑人较多，华人很少。

在罗阿坦岛，我踏访了一所"热带动物研究园"，在海岛中部的大森林中。园内培育和繁殖了猴子、陆龟、鳄鱼、蜥蜴和各种鸟类。工作人员介绍："这些热带动物正在逐年减少，有的已经灭绝，很可惜。物种的消亡是因地球变暖所致，如果再不加强环境保护，它将影响到人类的安危。"

从大森林走向海边，视觉骤然变宽。望着长长的一湾沙滩，很多游泳者或踏浪漂逐，或踏沙前行，尽情享受大自然的恩赐。这里的海滩格外美丽，是美洲最美的沙滩之一，被评为"美洲十大旅游景点之一"。为此引来世上众多的游客前来观赏。海边，遇到一位80多岁的老者，与他畅谈中告诉我说："我是英国人，已经在岛上生活60多年，这里有很多英国人或英国后裔，大多是英国殖民时期留下来的。"

最后，我去了罗阿坦岛上的法国港口。其实，此港口并非法国人所建，只是因为建港时这里住有一对法国夫妻，因此被命名为法国港。此港是深水良港，可以停靠巨型游轮。法国港建造得很大气，装饰也很漂亮精美，像是一个大都市的港口。因为罗阿坦岛成为著名的旅游胜地，几乎每天都有游轮停靠。这天，恰逢两艘大型游轮同时靠港，共有2000多名游客走下游轮。一时间，港口周边成了各国游客欢聚的娱

第四章 洪都拉斯：政变最频繁的国家

乐场所。跳舞的、唱歌的、弹琴的；饮酒的、喝咖啡的、品尝当地特产的；追逐的、游戏的、漫步的，简直像庙会一样热闹非凡，人们放松着身心、放肆着戏闹……

这就是罗阿坦岛，一个世外桃源……

这就是罗阿坦岛，一个度假胜地……

● 晚霞映红罗阿坦岛

暗访买卖妻子交易市场

从罗阿坦岛乘渡船返回到拉塞瓦市,这是洪都拉斯阿特兰蒂达省的首府,处在该国境内的西北部。夜宿这个沿海城市,听到不少奇闻。其中一则,这一带竟有买卖妻子的交易市场。这种习俗真是令人匪夷所思,我决定到现场探个究竟。

次日清晨,在当地向导的带领下,驱车西行60公里,来到一个偏远小镇特拉(Tela),这里也是一个沿海地带,比较荒凉。从这里又驱车一个多小时,深入到乡下农村,寻找市场。几经询问,我们终于找到了一个集贸市场。说它是集贸市场,倒不如叫农村集市更为恰当。只见市场上卖菜的、卖果品的、卖鸡鸭的,还有买卖牛羊的,煞是热闹。但哪里有买卖妻子的交易市场?向导又几经探问寻找,最后带我走到一个买卖牲口的角落,看到一些或站立、或坐卧的妇女,旁边还有一些男士交头接耳。原来,这就是"买卖妻子"交易地。不过,这属"黑"市场,全是黑色交易。但这一现象已成为习惯,当地人都是在此地暗中活动。当交易谈成付款后,女人便被买家带走,并没有什么人去制止。

❶ 联络　❷ 张望
❸ 相亲路上　❹ 羞羞答答
❺ 恋恋不舍

去中美洲 | Go to Central America

我站在一个角落暗暗观察。这一天我专门穿了一件非常陈旧的普通衣服,不被当地人注意。观察、偷视了十分钟,我看见一名戴礼帽的中年男士,从妇女群中挑选了一位,然后和旁边的另一名男子,可能这名被选妇女就是他的妻子,嘀咕了一阵,之后掏出一沓钱币递上,算是交易成功了。这名中年男士随后向所买女人深深鞠了一躬,便将她带走。

我所目睹的一切都是在秘密中进行的。为了弄个究竟,我还是壮着胆子接近出卖妻子的这名男子。这位男子很坦然,也很不以为然,

● 秘密交谈

| 第四章　洪都拉斯：政变最频繁的国家

● 新的生活

他介绍这是土著人的传统习惯，因是习俗故保留了下来。在古时候，各部族之间双方交战，互相残杀，胜者将败者杀死祭神，而女人就被收归己有，充当妻子，或拿去卖掉，收取钱财，这样慢慢形成了买卖妻子的传统。

当我问及政府是否允许呢，他重复道："买卖妻子是土著人留下的风俗，当地政府也无奈，并不支持，也不主张，其地点、时间都是黑色交易，是不合法的。但对于当地政府，也只是睁一只眼闭一只眼。这些现象主要出现在农村，妻子可以卖掉，但也可以再买回一个，生活一段时间后觉着不好可以再卖掉。还有，男人之间可以交换妻子，这都是土著人留下来的风俗。"

据当地人介绍:"什么事情也离不开环境。这一带包括整个国家男女比例失调,女多男少,这也是造成买卖妻子的一个原因吧!"

买卖妻子难以置信,这种旧的风俗不知到何时才能改变和消除……

温馨提示

去洪都拉斯除了飞机落地签、陆地边境入境签证外,从水路也可以办理签证,尤其在加勒比海一侧,因为许多加勒比海游轮在洪都拉斯沿海靠岸。洪都拉斯因为是最不发达国家,住宿和饮食卫生条件较差,但在旅游景点还算可以。洪都拉斯治安要比萨尔瓦多好得多,尽管政变频繁,但不会影响到平民。不过晚上行动还是要倍加小心,该国毕竟与中国没有外交关系,出现事端不好处理。但这里的华人还是不少的,对中国来客非常热心,常常会主动帮忙。至于看点,除科潘玛雅遗址外,首都和罗阿坦岛可不能错过。

第五章
尼加拉瓜：
湖泊和火山之国

尼加拉瓜处在中美洲的中部，是中美洲大国，两侧分别为大西洋和太平洋。该国境内多河流，也造成了多湖泊的现象，其湖泊面积几乎占到全国陆地面积的十分之一。尼加拉瓜湖是中美洲最大的湖，首都马那瓜也得名于全国第二大湖马那瓜湖。尼加拉瓜还是个多火山之国，境内有众多的火山。故而，尼加拉瓜有"湖泊和火山之国"的称谓。尼加拉瓜仅有一处世界文化遗产，即莱昂古城遗址。境内风光优美，尤为值得一游的是尼加拉瓜湖、马那瓜湖、科西圭那火山和康塞普西翁火山。还有没有破解的巨人脚印……

去中美洲 | Go to Central America

尼加拉瓜旧首都莱昂古城

　　尼加拉瓜（Nicaragua）共和国有一个旧首都和一个新首都。旧首都为莱昂城（Leon），现首都为马那瓜（Managua）。

　　为什么会出现两个首都，这固然有历史原因，但与自然灾害的频繁发生密不可分。首先从最早的首都即旧首都说起。1502年，西班牙航海家哥伦布航行在这里靠岸，发现了这个地方。1522年西班牙殖民者入侵并占领了这一地区。1524年在莫莫通博火山山麓下的一个湖畔

● 殖民时期建筑前停靠的殖民时期马车

第五章 尼加拉瓜：湖泊和火山之国

● 旧首都莱昂古城满街都是殖民时期建筑

开始建城，取名与西班牙的一个城镇同名，即莱昂城，由危地马拉总督府管辖。莱昂城不断发展渐成为商贸交流的基地。然而，由于火山的爆发和地震的发生，特别是1609年的一场地震，莱昂城几乎被夷为平地，后经西班牙人加紧建设，又发展成为政治、经济、文化的中心。之后，定为国家首都，这就是尼加拉瓜最早开始的首都。但又因为当地火山、

● 俯瞰古城旧貌

地震频繁发生，于 1855 年迁至马那瓜，即现在的首都。

　　时过境迁，旧首都莱昂城仍保留了西班牙时期的原貌，满街满巷都是殖民地时代的建筑。这里有 1528 年建造的西班牙总督府，1620 年建的宗教学院，1747 年建的大教堂，1812 年始建的莱昂大学等。尤为值得一去的是大教堂，为巴洛克到新古典主义过渡的折中风格，其建筑特点体现在简洁的内部装饰及丰富的自然采光，厅堂内存留很多价值连城的艺术品，如佛兰德木祭坛、石雕、木刻等，还有以基督教受难苦

● 古钟楼雕刻精细

● 殖民时期建筑

第五章　尼加拉瓜：湖泊和火山之国

路十四站为主题的多幅绘画，十分珍贵。漫步在古街上，可欣赏到绝美的艺术画廊和古老的宅舍阳台。

莱昂古城遗址是西班牙在美洲最早的殖民城市之一，饱受火山活动的影响及频繁地震的毁坏。自 1609 年地震后，从此时光停住，此城再也没有扩张和改变城区规划。虽然此城最终仍然避不过自然的摧残而湮灭，经过挖掘之后又受风侵雨蚀而危殆，但是为考古调查提供了最佳参考。2000 年，莱昂古城遗址被联合国列为世界文化遗产，这是尼加拉瓜唯一一处世界遗产。

莱昂城是尼加拉瓜第二大城，为莱昂省首府，拥有 7.7 万人口，现已开辟成旅游景点。

莱昂古城，这座久违的旧都如此苍凉……

● 古教堂

● 当地特色建筑

去中美洲 | Go to Central America

马那瓜湖畔的新都马那瓜

　　从莱昂城东行 80 公里即为现首都马那瓜，于 1855 年从莱昂迁来。马那瓜市是中美洲最年轻的城市之一，又是中美洲最热的城市，它因马那瓜湖而得名。马那瓜在印第安人语中意为"泉边之地"。市区结构呈棋盘形，中央大道纵贯南美。城区最繁华地带为市中心的"革命广场"，周围有革命宫、市政厅、大教堂、银行大楼、洲际饭店等建筑。

　　走进国家历史博物馆，从文物、图解、照片、画册，大致了解了尼加拉瓜的历史。尼加拉瓜最早的原住民为印第安人，自哥伦布登陆后 1522 年沦为西班牙殖民地。经过尼加拉瓜人民的反抗，1821 年摆脱西班牙殖民枷锁宣告独立。1823 年加入中美洲联邦。中美洲联邦包括危地马拉、萨尔瓦多、洪都拉斯、尼加拉瓜和哥斯达黎加共 5 个国家。

● 首都马那瓜市坐落于马那瓜湖畔

第五章 尼加拉瓜：湖泊和火山之国

1839年建立尼加拉瓜共和国。1912年,美国在尼加拉瓜建立军事基地。1934年在美国政府策划下暗杀了尼加拉瓜民族英雄桑地诺。尼加拉瓜面积为13万平方公里，人口610万，其中首都马那瓜为213万。尼加拉瓜的国名释义源于印第安酋尼加鲁的姓氏，别称"湖泊和火山之国"。尼加拉瓜湖为中美洲最大的湖泊，它是世界上唯一有海洋鱼类的淡水湖。该国有特点的节日为"母亲节"和"玉米节"，玉米节时会评选玉米皇后。该国每年都在全国数以万计年轻美貌的农家姑娘中挑选出24名玉米皇后候选人，参赛争夺第一名。尼加拉瓜盛产玉米，人们也喜爱吃玉米。中美洲人习惯叫尼加拉瓜人"比诺雷罗"，西班牙语意为"喜爱吃玉米的人"。

走出博物馆，来到该国著名诗人达里奥纪念碑、阿卡华林卡脚印博物馆、大教堂、总统府等地踏访。最有看点的是阿卡华林卡脚印博物馆，处在马那瓜城西北角的阿卡华林卡区。博物馆大院中，有两个

❶ 议会大厦
❷ 大教堂
❸ 街心纪念碑

4米多深的大坑,坑的底部印满了密密麻麻、大大小小人的脚印。据说是古人类踩下的脚印,而且是一群人的脚印,深印在石板地面上,好像是众人惊慌失措逃命而去留下的足迹。1874年当地人在这里采掘石料时发现了这些脚印。有关科学家说这是5万年前留下的古人类脚印,有人说是冰河时期古人类的足迹,还有人说是外星人而为。不管怎么说,这一发现震动了世界。这些脚印凝固在熔岩上,也有人分析可能是古代火山爆发时仓皇逃窜的人留下的足迹。这到底是怎么回事?人们一直争论不休。不管何年何日留下的,这些脚印是极为难得又是极为珍贵的足迹。为了保护好这些遗迹,在此地原封不动建了博物馆,将遗址围拢起来,防止人为破坏。

● 博物馆里的石雕　　● 博物馆展出的印第安人塑像

在马那瓜踏访,还有一个奇怪的现象,就是这里男女比例严重失调,男少女多现象普遍,其比例为1:4。马那瓜40%的家庭只有母亲而没有父亲。而这种现象在当地不足为怪,又不受任何歧视,已经成为常态化。

马那瓜市,这座年轻的首都如此之奇妙。

第五章　尼加拉瓜：湖泊和火山之国

● 繁华的农贸市场

• 温馨提示 •

　　尼加拉瓜是最难去的中美洲国家，不单单是中国人。先不谈怎么到达，最主要的是签证问题，不管是到第三国还是到哪个国家的尼加拉瓜使馆，签证都难以办理，也不管你的护照是否有美国的签证页，都不起作用。至于落地签和过境签，也是不可能的，关键是到尼加拉瓜的签证材料首先要送到尼加拉瓜政府审查，这一审查至少三个月，且签过率极低。对于中国人来说，签证问题同样如此，因为中国与尼加拉瓜没有外交关系。目前，前往尼加拉瓜不管是商务还是旅游，一般旅行社都不好办。可以先到美国，从美国转道而去，有可能办下来。

第六章
哥斯达黎加：
中美洲的瑞士

森林，云海，雾气，延绵而去，茫茫无边。这就是哥斯达黎加，中美洲一个多原始森林、多热带雨林的国家，其因优美的环境被称为"中美洲的瑞士"。该国面积仅占世界陆地面积的 0.03%，而拥有全球 4% 的物种，缘于保存了广阔的原始森林，被称为"世界上生物种类最丰富的国家"、"地球上生物最为密集的地区"，拥有"世界十大最迷人的森林"、"世界上最长的云雾森林吊桥"。该国最理想的去处是蒙特沃德保护区原始森林、阿雷纳尔火山、首都圣何塞殖民时期建筑群等等，可以领略到中美洲其他国家看不到的奇观秘境……

哥斯达黎加首都圣何塞掠影

从尼加拉瓜南下,过圣胡安河,来到哥斯达黎加(Costa Rica)共和国。

这是一个森林覆盖率极高的国家。伴随着飞驰的汽车,车窗外漫山遍野皆是密密麻麻的原始树林,溪水飞流直下,野生动物和飞鸟不断穿来越去,恍若进入一个世外桃源,更有童话世界的感觉,令人心神俱醉。

陪同踏访的米意诗女士是哥斯达黎加外交部的中文翻译,她说:"哥斯达黎加51100平方公里面积仅占到世界陆地面积的0.03%,但它却拥有全球4%的物种,被称为'世界上生物种类最丰富的国家'、'地球上生物最密集的地区',这就缘于它广阔的原始森林,其原始热带雨林面积达12819公顷,26%的国土为国家公园或自然保护区。另外还有11块湿地、2个生物保护区和3处世界自然遗产,分别为瓜纳卡斯特自然保护区、科科斯岛生态公园和塔拉曼卡山脉自然保护区。森林、湿地、自然保护区造就了它美丽的自然风光,因此这里

| 第六章　哥斯达黎加：中美洲的瑞士

被誉为'中美洲的瑞士'"。

进入哥斯达黎加百万人口的首都圣何塞（San Jose），迎接来客的是花的海洋，花的世界。大街小巷、路口广场和马路两边，皆是盛开的鲜花，空气中弥漫着阵阵芳香。原来，圣何塞有"花都"之称，海拔1160米高度，四季如春，气温适宜。

这是一个丘陵地带，依山而建的都城造就了错落有致的建筑。街道时高时低，忽上忽下，两边低矮的二层小楼，拼装在棋盘式的街区中，别有风趣。

国家历史博物馆建造风格为古堡式，最为显眼的是门前的巨形石球。石球从南部地带挖掘而来，是古人的杰作。这些直径足有3米之多的石球出于何年、何月、何人之手，至今还是一个谜。如今，石球成

● 哥斯达黎加国家博物馆

去中美洲 | Go to Central America

● 博物馆展出的出土巨形石球

- 164 -

第六章　哥斯达黎加：中美洲的瑞士

了哥斯达黎加国家文明的象征。走进博物馆，这里展出了哥国历代文物，记述了哥斯达黎加的历史。

哥斯达黎加早在公元前就有土著人居住。1502年哥伦布第四次航行时发现这里，并命名为"哥斯达黎加"，西班牙语意为"富庶之地"。此后西班牙殖民者多次入侵。1563年沦为西班牙殖民地。在19世纪20年代拉丁美洲独立运动兴起时，民众揭竿而起，奋力反抗，于1821年宣告独立。1823年加入中美洲联邦。1848年成立哥斯达黎加共和国。这个总人口483万的国家，全民幸福指数排名世界第一，又是世界上第一个不设军队的国家。

议会大厦处在博物馆一侧。附近有司法部、最高法院、外交部、文化部、总统官邸及火车站和西班牙女王公园。

去中美洲 | Go to Central America

西行不远便是中心广场。这里是市区的中心位置,零公里的始发地。广场周围有胜利纪念碑、大教堂、典雅式国家剧院、邮电大楼、文化中心等。只见广场有许多休闲的人群,唱歌跳舞的、表演才艺的,很是热闹。米意诗女士说:"每到节日期间,这里会举办大型活动,每到国家有什么大事,人们将在此集会,可谓是全国的政治中心。"

哥斯达黎加大学位于圣何塞的东部市区,来到学校采风,恰遇艺术系的学生们正在校园里举办"生命之树"大型人雕表演。上百名男女学生,赤身裸体,或躺、或卧、或跪、或爬,身上涂着绿色,绘上小树,用各种动作表演,呼吁人们爱护地球!保护环境!

天色近晚,在米意诗女士带领下,到达中国驻哥斯达黎加大使馆,受到办公室人员张先生的热情接待。在大使馆,我了解了很多这里的信息和中国元素。哥斯达黎加于2007年与中国建立外交关系,是中美洲地区唯一与中国建交的国家。自建交以来,中国对该国援助很多,援建了国家体育馆、外事大楼、友谊宾馆、电力大厦等等。使馆张先生介绍:"该国前总统是学经济出身,有经济头脑,他看到中国经济发展

"生命之树"人雕艺术表演

第六章 哥斯达黎加：中美洲的瑞士

议会大厦

中心广场上的胜利纪念碑

国家大剧院

邮电大楼

速度很快，中国市场很大，于是决定同中国建交。目前，中国的水利、电力、房地产等在此投资很大，建有很多项目。"张先生还介绍，该国有5万华人，大都是17至18世纪期间作为劳工留下来的，1948年来哥国种香蕉的华人岑连树，在20世纪70年代已是万亩蕉园的"蕉王"了。世界知名的华裔宇航员张福林，1986年乘"哥伦比亚"号航天飞机升空，是圣何塞的第三代华人。在圣何塞及其他地方，有很多华人餐馆，

● 中国援建的国家体育馆

第六章 哥斯达黎加：中美洲的瑞士

● 中国街

● 当地孔子学院的路牌

仅首都就有上百家，如"西湖"、"金冠"、"福禄寿"等中餐馆。首都还建有孔子学院、中文学校等。

晚间，我在一家中国饭店进餐。店门写有中文字号，大红灯笼挂起，福字倒贴，还有关公神像护佑，一派中国元素。

首都圣何塞，浓浓乡情味！

哥斯达黎加，深深中国情！

● 朝气蓬勃的哥斯达黎加年轻人

| 第六章　哥斯达黎加：中美洲的瑞士

探访阿雷纳尔火山

清晨，从哥斯达黎加首都圣何塞出发，去探访闻名的阿雷纳尔（Arenal）火山。阿雷纳尔火山位于阿拉胡埃拉省境内，在圣何塞西北150公里处，是中美洲地区著名的奇观之一。

汽车出城后便是盘山公路。一道道山岭，一条条溪流，一片片草地，一座座农舍，一路路田园风光，一程程山水画卷。

陪同前往的米意诗女士，不仅是一位中文翻译，还是总统的经济顾问。她曾在台湾攻读汉语，说一口标准的普通话，非常健谈。路上，她利用行车的空隙，介绍了一些有关火山的情况。

米意诗女士说，哥斯达黎加还有"火山之国"之称，境内共有112座火山，其中有7座活火山，最著名的火山为伊拉苏、波阿斯和阿雷纳尔三座火山。

伊拉苏火山位于圣何塞东北32公里，海拔3432公里，是该国海拔最高的火山。1841年、1920年、1963年、1978年多次爆发。火山灰覆盖全国10%的土地。登至山顶可放眼大西洋和太平洋，这是全球

去中美洲 | Go to Central America

去往阿雷纳尔火山的路上

去往阿雷纳尔火山沿途路边的宣传画

第六章 哥斯达黎加：中美洲的瑞士

独一无二的观两洋火山。1978 年这里爆发形成两个直径为 1050 米和 690 米的火山口。第一个火山口成为泥浆湖，第二个仍喷发着白烟，汽车可以直开到达火山口。

波阿斯火山位于圣何塞北部 45 公里处，海拔 2700 米，火山口 1600 米，已变成直径 350 米的沸腾湖。平时如绿宝石，喷发时水柱高千米，是世界上最大的间歇性爆发火山，1828 年、1910 年、1952 年、1954 年，连续喷发 39 次，火山灰达 64 万吨。峰顶有两个火山口，北部的火山口湖是世界上酸性最强的湖泊之一。

至于阿雷纳尔火山，现在还在陆续喷发，是这次行程的目的地。

车行一个多小时，司机需要休息一下，便停在一个小山庄前的咖啡厅前。哥斯达黎加的咖啡很出名，这里盛产咖啡，而且味道独特很受欢迎，其原因是地理优势。此处土壤大都是火山灰，再加上气候条件，造就了优质咖啡。这是一个非常幽静的山村，只有几处农舍，家家户户以鲜花、青草、绿树装饰，格外清新漂亮，让人感到很是惬意。

汽车继续西北行，穿过一座名为加拉天提的小镇后，阿雷纳尔火山远景出现在眼前，非常清晰。透过车窗眺望，只见蓝蓝的天空下，一座呈等腰三角形状的山峰矗立在天边，山头上几朵白云缓缓擦过，很是壮观。

米意诗女士指着窗外介绍，那就是著名的阿雷纳尔火山，它是世界上最活跃的火山之一，周围几公里的任何一个地方都可以看到它的锥形火山体。该火山海拔 1633 米，是一座非常活跃的活火山。1968 年的大爆发，溢出的熔岩覆盖 700 多公顷的地表；2000 年的爆发造成多人死亡；2001年大爆发时岩浆如百条火龙直扑山下；2003年的爆发来势更快、更急、更猛，火山灰像烈火一样铺展在大地，一切林木转瞬间尽成灰烬……

有火山就有温泉，这是地热造成的自然现象。阿雷纳尔火山附近有很多温泉，成为人们泡温泉的最佳场所。当汽车经过塔巴孔温泉浴场（Tabcon Grand Spa）时，米意诗女士建议进去看看，那是哥斯达黎加著名的旅游休闲胜地，而且在世界著名温泉排名中位居前茅。

我走进温泉浴场，这才得知它的规模如此之大，35美元的票价确实值得。走在温泉浴曲折的山路上，温泉奔腾而下，一泻千丈，一发而不可收。设计者就是沿温泉流经的水路，分段截开，设置了各色各样的温泉池，其中有"高山瀑布"、"漩涡水坝"、"喷涂温泉"、"岛形温塘"、

● 途中米意诗女士讲解火
  山喷发情况

● 道旁瀑布遍布

去中美洲 | Go to Central America

探访从火山流出的温泉

| 第六章　哥斯达黎加：中美洲的瑞士

● 温泉浴门口的雕像

"湖形泳池"、"浪打悬崖"等，供游人选用。我从半山坡上的温泉溪流一直走下来体验，看到泉水旁设有很多不同类型的雕像，不过有些男女雕像的造型过于大胆，显然属于少儿不宜。这里满是欧洲及美国的旅客，在此即兴畅游，放开冲浪，尽享大自然的恩赐。

出温泉浴继续上行，向着阿雷纳尔火山靠近，并从不同方位观察这一活动火山。在养牛场，我看到阿雷纳尔火山披着云彩的身姿；在滚滚的塔巴孔河望见了阿雷纳尔火山冒出的烈烟；在茂盛的热带雨林中我观察到阿雷纳尔火山喷吐的火舌……

最后，我登上了阿雷宾馆观景台，这是距离火山最近的一处观看点，不能再靠近了。尽管火山没有大的爆发，但小规模的喷发是不间断的，不时出现较大的喷吐。这是距离火山口最近的一个宾馆，当初建造时就引发了不同意见，主要是考虑安全因素，但最终还是建成投入使用。没

● 到达火山跟前看到山尖还在冒热气

第六章 哥斯达黎加：中美洲的瑞士

● 游人在火山前留影

想到，这一宾馆建成后天天爆满，宾客就是要近距离观看喷吐的火山，尤其是到了晚上，专门体察、享受火光的刺激，还能听到岩石滚动下山的声响。

在观景台，米意诗女士介绍说，她曾在此住过一夜，确有刺激之感。阿雷纳尔火山是间歇喷发，不定时。站在台阶上，在这里观看阿雷纳尔火山更加雄伟，更加壮丽：那秀美的山体，那尖尖的峰顶，那飘动的烟云，让人动容！这就是世界上最活跃、最漂亮的活火山！

宾馆收藏了很多熔岩石块，展出了火山喷吐的照片，大厅里不断播放火山爆发的录像，以此来吸引宾客。

夜半林涛，溪水潺潺。夜幕笼罩，大地黑暗。我下榻的 La Fortuna 宾馆就在阿雷纳尔火山不远处。突然，窗外一道明光闪现，我忍不住仰起身来观看，只见夜幕中的阿雷纳尔火山喷发了！一束耀眼的光泽直冲云天，划破了夜空，那样灿烂，那样夺目，那样绚丽！这就是火山喷吐的熔岩！我终于见到了暗夜中辉煌的一幕！

阿雷纳尔火山，有着绝美的光环……

阿雷纳尔火山，也有残酷的瞬间……

去中美洲 | Go to Central America

瓜纳卡斯特自然保护区拾零

迎着初升的太阳，掠过一道道霞光，我从阿雷纳尔火山向着哥斯达黎加的瓜纳卡斯特自然保护区进发。

云雾中的莽莽山林，晨曦中的道道霞光，和风中的团团水气，覆盖了哥斯达黎加这个森林之国的高山、丘陵和原野。沿途绿意盎然、郁郁葱葱，给人一种无比爽洁清新之感。

● 瓜纳卡斯特自然保护区世界自然遗产标识

陪同踏访的米意诗女士说:"哥斯达黎加不仅有'中美洲的瑞士'之称谓,还有'中美洲的花园'之美誉。"

中美洲的花园!看着沿途绿油油的丛林,润泽的草地,盛开的野花,把大地装束得如此漂亮,真是一个天然的超大公园。尤其是在林中自由自在奔跑的野鹿、野鸭、山鸡,更加显示出它的野性与原始和自然之美丽……

瓜纳卡斯特自然保护区于1997年被联合国列为世界自然遗产。这是哥斯达黎加面积最大的一处自然保护区。

瓜纳卡斯特自然保护区来到了!门口并没有繁琐豪华的装饰,只有几间普通房舍,它和大自然安静地融合在一起,给人一种幽深、神秘的感觉。

办完手续后进入自然保护区,实际上是走进了森林。沿着狭窄的山路,踩着湿漉漉的泥道,穿行在密林中。眼眶中,全是粗大的树木,一棵连一棵,一根接一根,简直是密不透风。抬头望不见天空,低头看不见陆地,举目皆是树木、藤蔓、花草。走着走着,空间逐渐阴暗起来,地上越来越潮湿,四周静谧得只听到鸟鸣声、昆虫声和溪流声。

我一边走一边听米意诗女士介绍,她说,这个自然保护区由太平洋海岸的热带雨林延伸近20公里到太平洋,大片红树林是很多濒临绝种生物的栖息地,如海水鳄、蝙蝠、海龟、美洲豹、蜂鸟等都生活在这里。

瓜纳卡斯特保护区内有一系列的火山分布,其中最著名的是林孔德拉别哈火山,该火山有三个火山坑、一个潟湖,现在仍喷发气体。另外,还有32条河流、16处间歇泉。

茂密的原始森林

藤缠树，树挂藤。

说话间，我们来到圣罗莎庄园，这个庄园建于1580年，是该地区最早、最大的庄园。圣罗莎是"圣罗莎战役"的地址，1856年曾在此地发生过战事。1966年，哥斯达黎加在圣罗莎庄园庆祝独立。目前，这里已开成圣罗莎国家公园。

瓜纳卡斯特自然保护区有森林、火山、海滩，还有大量湿地。走在湿地上看到有很多飞鸟飞来飞去，有猎鹰、朱鹭、水鸭、鹦鹉。在海滩上，我看到成群结队的海龟，据悉在海龟交配季节可达到25万多只，这些海龟大都是绿色的。在森林中，昆虫更是多种多样，有1.2万种线类昆虫、2万多种甲虫、3万多种蜂类虫。

从圣罗莎庄园登高望远

瓜纳卡斯特，不愧为国家级保护区！

瓜纳卡斯特，不失为世界自然遗产！

第六章　哥斯达黎加：中美洲的瑞士

蒙特沃德云雾森林见闻

林莽莽，云茫茫，雾蒙蒙……

踩着落叶，踏着山路，我在云雾森林中穿行……

走进森林半个小时后，眼前突然出现一座吊桥，又长又大，横跨在两山之间，足有上千米长。这是"世界上最长的云雾森林吊桥"！吊桥由钢制绳索、铁丝、铁架建成，涂抹着绿色原料，和林海融成一色。这是一条观光吊桥，当走上吊桥时，那莽莽林海笼罩在茫茫云雾之中，

● 去云雾森林途中

去中美洲 | Go to Central America

● 行走在吊桥上从不同地点观看原始森林中的云和树

云浪汹涌澎湃，林涛缠绵翻卷，这是一幅壮丽的林海云雾图，那么浩瀚！那么博大！那么宽阔！

这就是著名的蒙特沃德云雾森林保护区！

保护区的工作人员指着云雾下的森林说："这种云雾森林是来自加勒比海的暖湿气流汇集在半山腰冷凝成水雾，乳白色雾气像轻纱一样终年缭绕，覆盖着茫茫的树林，看上去分外神秘。"接着他说，哥斯达黎加拥有世界上最著名的多样化热带雨林，多样化包含了面前的云雾森林、加勒比海热带雨林、太平洋沿海热带常绿林和过渡区林带。如此多样化的生态环境在世界上实属罕见，它已被评为"世界十大最迷人的森林"之一，是世界上少有的拥有云雾森林的国家。

走完这座横卧在林间的吊桥后，绕过一座山峰，又是一座吊桥。这座吊桥更长、更宽、更隐蔽，吊桥上有来自世界上很多国家的观光客。

第六章　哥斯达黎加：中美洲的瑞士

经过两个多小时，我连续踏行五座吊桥，近距离饱览了云雾笼罩的原始森林……

在蒙特沃德云雾森林保护区，还有一个观看云雾森林的最佳选择，即蹦极项目。这里拥有整个中美洲乃至全拉丁美洲最高也是最新的蹦极设施。来到这里，若不参与，将会留下终生遗憾。于是，我排队半个小时，小试了一把。当升至距地面 143 米之时，登上吊在缆绳上的电车，一个大的下滑，俯瞰到下面的中美洲地区终年被云雾笼罩的雾林，甚为壮观！不过惊险和刺激伴随始终。据工作人员介绍，这里是"全球十大蹦极胜地"，可与新西兰、津巴布韦、瑞士、南非、中国澳门、尼泊尔、奥地利等 9 个国家的蹦极媲美。

蒙特沃德云雾森林保护区的"索道滑行"设计行程路线非常精巧。乘长长的索道，穿越热带雨林，它和吊桥、蹦极一样，能够尽情观赏云雾、森林、溪流，让人仿佛进入一个仙境之地、童话世界，真正感受到热带雨林带来的欢快和无限生机！

这里热带雨林变化的小气候，滋润了不同的小环境，成为猴子、懒熊、切叶蚁、长鼻浣熊、犀鸟、绿鹃等成千上万动物的栖息地，还孕育了大量的两栖动物和鸟类。为此，哥斯达黎加被誉为"地球生物最为密集的地区"，被称为"世界生物种类最丰富的国家"，生物种类达 2000 多种。

2000 多物种！这确实是一个不小的数字。哥斯达黎加的整个面积只占到世界陆地面积的 0.03%，它却拥有全球 4% 的物种，这足以证明该国保护环境的力度！

● 在林海吊桥留下永久的记忆

● 体会索道滑行

第六章　哥斯达黎加：中美洲的瑞士

全球气候变暖，也影响到哥斯达黎加。蝴蝶效应，不可小视。据当地科学家发现，一种浑身金黄，名为金蟾蜍的著名两栖生物灭绝了！紧接着又陆续有一些物种永远离开了地球！现今世界，已知的 5743 种两栖动物，包括蛙类、蝾螈类、蚓螈类等，有接近一半的物种数量正在下降，有三分之一面临灭绝危险，这些都是环境污染和气候变化造成的。

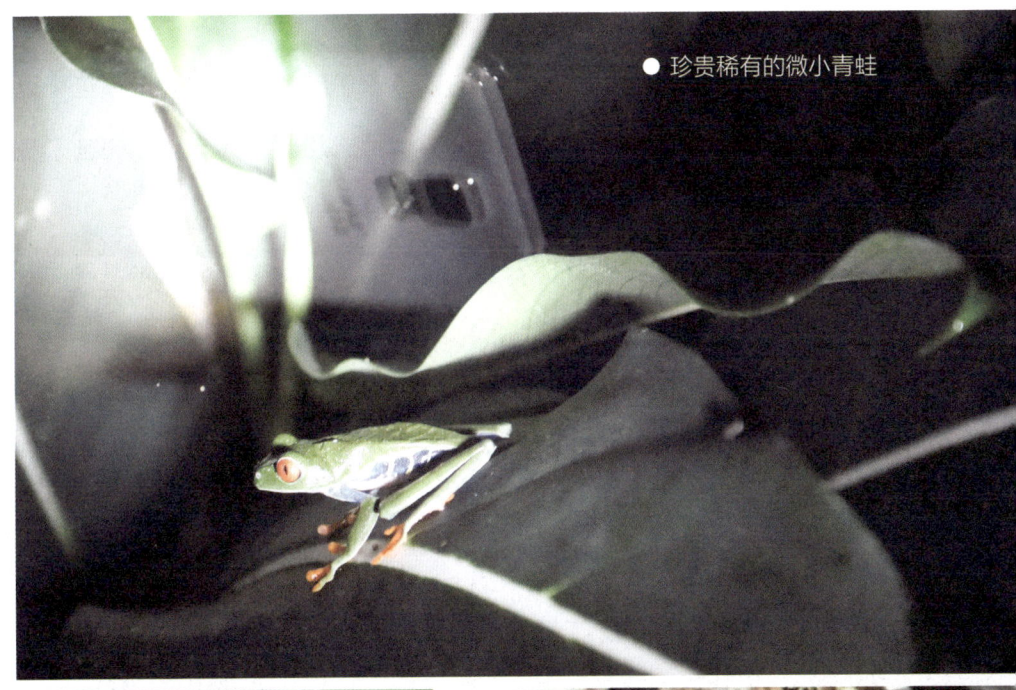

● 珍贵稀有的微小青蛙

● 红小青蛙

● 变色龙

去中美洲 | Go to Central America

当然，在哥斯达黎加境内，也有砍伐和焚烧树木的现象。一些人不听政府劝告，一些公司企业违反政府指令，擅自焚烧砍伐森林。

在蒙特沃德云雾森林保护区，我还参观了昆虫博物馆、蝴蝶园、珍稀青蛙栖息地、花卉室等。

晚上，我就住在建于热带雨林中的宾馆，与这里的生物共息一个林间，共享一个环境。

星闪闪，夜蒙蒙。蒙特沃德的夜是安宁的，静谧的。但我这个远方来客久久未能入眠。从这里的云雾森林，想到了大自然，想到了环境污染，想到了地球变暖，想到森林砍伐……

世界上的物种伴随着环境变化在减少，在灭绝……人类，也是地球上的物种，若不注意环境保护，也将会在地球上消失……

夜梦中，我又想到了哥斯达黎加大学《生命之树》的艺术表演，呼吁着世人保护环境……

● 林中峡谷

● 云雾森林名不虚传

| 第六章　哥斯达黎加：中美洲的瑞士

卡塔戈古代水利遗迹探秘

汽车沿著名的泛美公路飞驰……

两边高大的树木枝叶将公路遮掩，阳光从密林中透射出来，显得非常绚亮。

我是离开蒙特沃德云雾森林后上路的，去往卡塔戈（Cartago）的古代水利遗迹探秘、踏访，车程大约120公里。

泛美公路格外漂亮，南来北往不同国家的汽车频频而过，行驶在这个世界第一长国际公路，深感舒畅。

● 沿泛美公路去往古代水利遗址

泛美公路是贯穿整个美洲大陆的一条主干线,它北起美国阿拉斯加的费尔班克斯,南至南美洲最南端的火地岛,全长48000公里,是全球最长的一条南北公路,期间,穿越沙漠、针叶林、热带雨林,还连接17个国家的首都,非常壮观、美丽。其中,穿越中美洲这段路程,尤其是哥斯达黎加的云雾森林,令人心旷神怡,如梦似幻……

从蒙特沃德云雾森林南行2个多小时到达圣何塞,之后改路东行,进入茫茫的山林之中,又是一片田园风光,又是一程胜景无限。据米意诗女士介绍,这里也是火山爆发区域,火山灰的堆积,促进了植物的生长。

汽车又行进半个多小时,进入卡塔戈省境地。卡塔戈省地处哥斯达黎加国家的中部,是一个高山丘陵区,漫山遍野的森林把大地裹得严严实实,煞是好看。

汽车在原始森林中颠簸,小鸟在车前飞来飞去,好似为我们引路。突然,汽车拐了一个大弯,停靠在半山腰中的密林中。可见,目的地到了。

下车后,路边有一个茅草房,旁边立有一个木制标牌,显然这就是卡塔戈古代水利遗迹了,上面的英文 GUAYABO……简述了遗迹的来龙去脉。

原来,这里有一处两千多年前的水利系统遗迹,是当地印第安人所为。这套水利系统一直被埋没在密林中,天长日久,风吹雨打,只剩下残留的石块和大致模型。一天,有一个狩猎人在大森林中穿行,不小心被一块石头绊倒,当他爬起来时,意外发现这块石头上刻有奇妙的线条,回首又看到了一排圆形石圈,于是上报当地政府。科学工作者通过

第六章 哥斯达黎加：中美洲的瑞士

遗址门前的茅草房

古水利遗址木牌标识

考查和挖掘，证实这是公元前的一处水利系统。这套水利设施渠道纵横，储水池连片，其工程之浩大、造型之奇妙，甚为罕见。目前，该遗迹正在申报世界文化遗产。

按照图标上的线路图，在当地向导的带领下走进密林，大约十分钟踏行，终于见到了这块标有线条的古石块，安然地躺在林中。石头上的曲线，对于默生人来说是看不懂的，只有印第安人才能破解。

在奇石的一侧，出现一长排圆形储水池，其直径大约30米，现已被黄土和杂草埋没，只有四周的砌石表明它原是一个圆柱体。石缝中长有很多苔藓，有的已经完全塌陷，只剩下一堆乱石滩，在风声中惨叫，

狩猎人从这块刻有古文字的石头顺蔓摸瓜惊奇发现了古遗迹

- 191 -

● 两行圆形石砌储水池排列整齐伸向远方

一片凄凉之感。

　　石砌水渠依然存在，且还有水注满。石渠是从山上引下来的，有明渠、暗渠，还有石桥。让人惊奇的是，竟然还有一处水流哗啦啦、哗啦啦从渠道中流出。尽管石头已经破碎、泡烂，但是水流显示了它的生命力。这种水流，已经流了上千年，一直没有停止，它是何等的神秘啊！我走近水流，捧了一把水放入口中，非常清新、非常甘甜，没有一点点异味。

● 储水设施虽被风尘埋没但仍不失风采

第六章 哥斯达黎加：中美洲的瑞士

据讲解员介绍说，印第安人是一个很聪明的人种，能够在公元前修建这样一个水利设施，太不简单了！这一水利系统主要用于印第安住民的生活用水和粮田浇灌。在遗迹周围，还发现了印第安人的住屋遗址，院落痕迹。至于这处水利系统修建的具体年代，现在还没有破解，科学工作者正进一步挖掘和考查。

峰回路转，返程首都。途中，一连串的思绪在脑海中翻卷……

太神奇了，卡塔戈密林中的水利遗迹！

太奥妙了，公元前印第安人的聪明智慧！

温馨提示

哥斯达黎加是中美洲7国中最容易去的国家。因为哥斯达黎加与中国建有外交关系，是中美洲地区唯一与中国建交的国家，所以签证是完全有保证的，不管是在国内签，还是落地签或入境签，都没有任何问题。至于前往和到达，乘飞机、游轮或陆地交通都是一路绿灯。在国内，多家外事单位、商务部门和旅行社都可办理前往该国的手续。如果想走完中美洲7国，也可从哥斯达黎加作为第一站，或者说跳板，再去其他6国，这是一个行走方案。在哥斯达黎加境内活动，安全没有任何问题，那里有很多中国企业和华人，吃住也非常方便。如果自驾游，可租用任何交通工具，价格也很便宜。

第七章
巴拿马：
世界桥梁之最
巴拿马运河

　　巴拿马是中美洲地峡最南端的国家。巴拿马运河是巴拿马的"符号"和"名片"，更是巴拿马国家的地标。巴拿马运河被誉为"世界桥梁"、"世界七大工程奇迹之一"，它与苏伊士运河并称世界上最具战略意义的人工水道。巴拿马，这个连接北美洲和南美洲陆路唯一要道的国家，素有"国际金融中心"、"购物天堂"、"小迪拜"、"小巴黎"、"小香港"之称谓，还有6处世界遗产，成为世人向往之地……

去中美洲 | Go to Central America

巴拿马首都的古城、旧城和新城

从哥斯达黎加跨过边界线进入巴拿马（Panama），这里是中美洲地峡的最南端，是连接中美洲和南美洲大陆的陆路唯一通道。而在这里开通的巴拿马运河，又是连接大西洋和太平洋的水道，为此战略位置十分重要。

越过高山丘陵，跋涉条条河流，穿越热带雨林……汽车在巴拿马大地上行驶，车外风景像画一样镶嵌在玻璃窗上。巴拿马向导胡安先生介绍了这个国家的大致情况。

巴拿马是一个多山之国，河流众多，又接近赤道，热带植物漫山遍野。巴拿马是个小国，面积75517平方公里，人口390万。巴拿马

● 汽车缓缓驶入巴拿马市区

第七章 巴拿马：世界桥梁之最巴拿马运河

运河的开通被誉为"世界七大工程奇迹之一"，巴拿马因此成为名副其实的"海运大国"、"水桥之国"，有"世界桥梁"之称谓。巴拿马还有被誉为"珍珠宝岛"的孔塔多拉等等，其巴拿马运河通过的加通湖是"世界最大的人工湖"。

巴拿马共有6处世界遗产，其中有友谊国家公园、波托韦洛防御工事、圣洛伦索防御工事、巴拿马历史城区及玻利瓦尔大学、科伊瓦岛国家公园、达连国家公园。第一处和后两处为世界自然遗产，其余为世界文化遗产。

经过6个多小时的车程，到达拥有171万人口的巴拿马首都巴拿马城（Panama Gity）。巴拿马首都和墨西哥、伯利兹、危地马拉、萨

● 巴拿马古城遗迹历历在目

● 讲述古城历史的老者

尔瓦多等中美洲及一些拉丁美洲国家一样,所取的名字与国家名称相同。而巴拿马首都还有一个独特之处,就是由古城、旧城和新城三部分组成。

我首先去往古城踏访。来到这里才发现,实际"古城"早已不复存在,留下的只是历史遗迹。沿街而行,我到处寻找过去的古城遗址,几经查询,经于找到有限几处零零碎碎的根基,依稀可见古城残留的印痕,仅有天主教堂的一些砖石结构的遗址还有残存,那些残垣断壁,一片悲凉……

第七章 巴拿马：世界桥梁之最巴拿马运河

面对古城遗迹，我采访了旁边的一位老者，他追溯历史讲述了古城消亡的前前后后。

公元1501年，西班牙探险家巴斯蒂达斯首先发现了巴拿马这块长条形的地峡。1502年，哥伦布第四次航行前往南美洲的途中也发现了这块窄条地峡。1513年，西班牙探险家巴尔博亚从大西洋登上这块地峡感到很新奇，于是他横穿地峡，意外发现了太平洋，当时的人们还不知道地球是圆的。1518年，西班牙的佩德拉里亚斯专程来到这里开始建城，并取名"巴拿马"。在当地印第安语中巴拿马意为"渔乡"，因为这个地方在设城之前就是一个渔村。古城建好后成了西班牙走向南美洲的一个中间站，很快繁荣起来。但也同时成了加勒比海盗袭击的目标，海盗们多次在此地进行扫荡侵略。1671年，海盗亨利·摩根带领众多武装人员攻击掠夺，洗劫一空后，纵火烧毁，大火造成数千人死亡，古城被夷为平地，烧为废墟。今天看到的就是当初留下的遗迹……

古城被毁后，当地人于1673年又在距遗址以西8公里远的地方重建家园，这就是今天所称的旧城。

在首都巴拿马城，我又专程去往旧城。旧城区又称为历史城区和卡斯科安提瓜。旧城区的中心是独立广场，我来到这里时，一眼便看到竖立在广场一侧的世界遗产标识牌。原来，巴拿马旧城区于1997年被联合国列为世界文化遗产，这又给巴拿马城增加了看点。独立广场耸立着共和国创始人的雕像，四周有双塔擎天的大教堂、主教宫、中央旅馆、国家邮电总局等。在独立广场不远处的法兰西广场，竖有高高的雄鸡方尖碑，以纪念运筹开凿运河的法国先驱者。这里还有殖民时期的司法大厦和古旧的建筑及碑林，碑文上讲述了准备建造巴拿马运河的情况。从这里拾阶而上，可以看到海湾风光。

巴拿马旧城已有 340 多年的历史。穿行在街区，路窄巷小，很多殖民时期建筑墙体脱落，还有的坍塌。街巷开有很多店铺、咖啡厅、餐馆，还有不少巴拿马帽专卖店，很是火爆。

在旧城区，我还特意去了总统府，它建在一条很狭窄的街道上。总统府为白色建筑，曾是西班牙殖民时期的总督住宅，看上去很老旧，因为平时有很多苍鹭飞到喷泉饮水，为此有了"苍鹭宫"之称。总统府只能在外围观看，由士兵持枪把守，不能靠近。在旧城，还有一个值得一去的地方，这就是 1826 年召开的泛美国际会议旧址，位于玻利瓦尔学院，是一座具有历史意义的建筑。

巴拿马旧城紧连新城，只隔一条马路。新城的现代化建筑林立街头，高楼大厦比比皆是，一座接一座，且式样新颖，建筑风格均具时代感，有螺旋形的，有旗杆式的，有炮弹装饰的等等，是一座名副其实的大都市，被誉为"中美洲的迪拜"，有"小巴黎""小香港"之称谓，还被

● 巴拿马旧城独立广场上的共和国创始人纪念碑

● 旧城街道及坍塌建筑

第七章 巴拿马：世界桥梁之最巴拿马运河

总统府

法兰西广场

法兰西广场雄鸡方尖碑

古教堂广场

去中美洲 | Go to Central America

● 时尚的巴拿马年轻人，同这个国家一样充满朝气

称作"来往船员的购物天堂"、"国际金融中心"等。目前，这里拥有世界上180多家银行，200多家融资机构，包括中国银行也在此开展业务活动。这里还建有现代化港口，共4个码头，其中一个为中国开办，另外三个分别为美国、日本和智利所办。中国虽然与巴拿马没有外交关系，但在这里的贸易额很大，从数量众多的中国集装箱即可窥见。

巴拿马城：古城、旧城和新城，各具特色，它打上了历史的烙印，记述了巴拿马的发展历程……

夜幕降临，巴拿马城灯火通明，被霓虹灯打扮得像少女一样，在大洋彼岸闪闪发光……

● 从旧城区眺望巴拿马新城区的高楼大厦

第七章 巴拿马：世界桥梁之最巴拿马运河

参观巴拿马运河一号水闸

清晨，迎着太平洋的海风，从巴拿马城驱车，向着巴拿马运河的始端前行，去踏访这个"世界七大工程奇迹之一"的一号水闸。

经过十多分钟车程，来到巴拿马运河入口处的一号水闸时，才发现排长队参观的人如此之多。

● 从瞭望台观看巴拿马运河

去中美洲 | Go to Central America

居高临下，看一号水闸需要登高望远。这里专门设置了瞭望台，瞭望台是一座四层楼高的白色建筑。当我乘坐电梯登上最顶层，一幅壮丽的巴拿马"清晨上河图"铺展在面前：巴拿马运河像一条白色的巨龙横躺在此，一端连着茫茫的太平洋，一端奔向莽莽的丛林。映着朝阳，波光粼粼的水面上，世界各地的大型巨轮云集于此，浪花涌动，桅杆竞发。缕缕白烟中，一声声汽笛，一摞摞集装箱，悠悠哉哉通过水闸，

● 航船通过运河

第七章 巴拿马：世界桥梁之最巴拿马运河

牵引机、滚动闸、储水槽，协调联动，助推来往船只，呈现出一派繁忙景象……

这就是巴拿马运河的一号水闸！

这就是举世闻名的巴拿马运河！

巴拿马运河是世界上最具战略意义的人工水道，另一条为苏伊士运河。

在一号水闸，讲解员讲述了巴拿马运河的运行情况。

巴拿马运河始于太平洋沿岸的巴拿马城港，先后流经库莱布拉、萨米特、甘博阿、达连、费里霍莱斯、蒙特利里奥等城镇和加通湖，最后到达大西洋沿岸的科隆港。巴拿马运河长82公里，宽152米至304米，水深20米，运河设有三套三级提升的水闸，将水位提升高出两大洋26米，运用机械助推轮船通过。巴拿马运河每天通过巨轮40艘，每艘通

● 巴拿马运河一头通向大西洋

过时间为 9 小时，可以通航 8 万吨级轮船。

讲解员说："屈指算来，每年要通过 1.4 万航次的巨轮，目前有一万多名管理人员精心操作，使来往船只顺利通过。"

巴拿马运河，不愧为 20 世纪最大的土木工程！

巴拿马运河，不愧为人类历史上最伟大的水利工程！

从瞭望台下行的楼层，均为巴拿马运河历史博物馆，馆里详细介绍了巴拿马运河建造的全过程。展出的第一部分即是建造运河的初创阶段和构想。早在 15 世纪，西班牙人瓦斯科·科尔特斯就提出建造运河的设想。1523 年，西班牙国王查理一世明确了开凿运河的主张。1534 年，西班牙国王卡洛斯一世下令在巴拿马地峡勘查地形。1814 年，因拉美独立战争爆发而搁浅。1879 年，法国决定开凿巴拿马运河，并于 1880 年正式开挖。然而由于当地疫病的传播导致工程不得不于 1889 年终止。1903 年，美国与巴拿马签订协议开凿运河，付出 1000 万美元的代价获得使用权。在美国的主导下，巴拿马运河开凿于 1904 年，1914 年

● 巴拿马运河另一边通向太平洋

第七章 巴拿马：世界桥梁之最巴拿马运河

巴拿马运河博物馆展出的开挖现场照片

铺设河床录像

8月15日竣工并正式通航。

展馆第二部分为施工阶段。巴拿马运河开工后，动用了成千上万的劳工，用工高潮时达到5万人之多。使用了当时世界上最先进的挖掘机和最高端的铲土机及最顶端的挖泥船。施工最艰难之处是运河最窄处的"蛇峡断崖"，长达12.7英里，占运河总长度的五分之一，是凿穿巴拿马地峡中央山脉岩石的关口。由于条件极为艰苦，其中有3万多人因病情、疫情和施工失去生命。在施工中，还有上千名中国劳工也参与了建设，运河中同样流淌着中国人的血汗。当年挖掘的土石方达到15292万立方米，足以堆砌出63座埃及金字塔，如将运送的火车皮衔接起来足以绕地球四圈半之多！

在博物馆的第三部分，展出了开凿运河的实物，其中有手镐、铁铲、水钻、砍刀、斧头等，还有劳工穿的衣服、手套、帽子、皮带等。

● 巴拿马运河博物馆展览的勘探照片

第七章 巴拿马：世界桥梁之最巴拿马运河

影相、声响、珍贵照片等设在第四展厅，真实记录了开挖运河的宏大场景和运行场面。

据介绍，巴拿马运河的开通，使美洲东西海岸航程缩短1.2万公里，轮船不用再去绕行南美洲最南端的合恩角，巴拿马运河自此就有了"世界桥梁"之美誉。

● 在巴拿马运河一号水闸接受巴拿马国家电视台记者采访

去中美洲 | Go to Central America

畅游巴拿马运河

　　走出巴拿马运河历史博物馆，离开巴拿马运河一号水闸，我去乘坐巴拿马运河观光列车。自巴拿马运河开通后，又沿巴拿马运河修建了铁路，起始站为太平洋沿岸的巴拿马城，终点端为大西洋沿岸的科隆城，运行距离为80多公里。观光列车的开通，吸引住了外国旅客，凡到巴拿马看运河的来客，一定不会错过乘观光列车观看运河的机会。

● 乘坐舒适宽敞明亮的巴拿马运河观光列车

第七章 巴拿马：世界桥梁之最巴拿马运河

这是一列红色车皮的列车，共有十二节车厢。列车舒适亮堂，除洁净明亮的车窗外，每节车厢还多设了一个观光室，既能坐在座位上看，也

● 列车专设站立观光窗口

能到观光室站着观望，人性化的设计大大方便了游人。

列车开动了！沿着巴拿马运河，顺着宽敞的堤岸，伴着轻盈的音乐，随着歌声笑语，列车缓缓行驶在这个南美与中美之间呈漏斗状的地峡上……河岸上，首先呈现的是堆积如山的各地集装箱，一排排，一行行，一堆堆，其间印有CHINA中国字号的集装箱非常多，也很醒目。

列车时而穿过原始森林，时而越过沼泽草地，时而翻过山岭土丘，树木、岭地、电杆，嗖嗖向后退缩，唯一不变的是那脉脉流淌的巴拿马运河，静静地刻在大地上，旷野中，蓝天下……

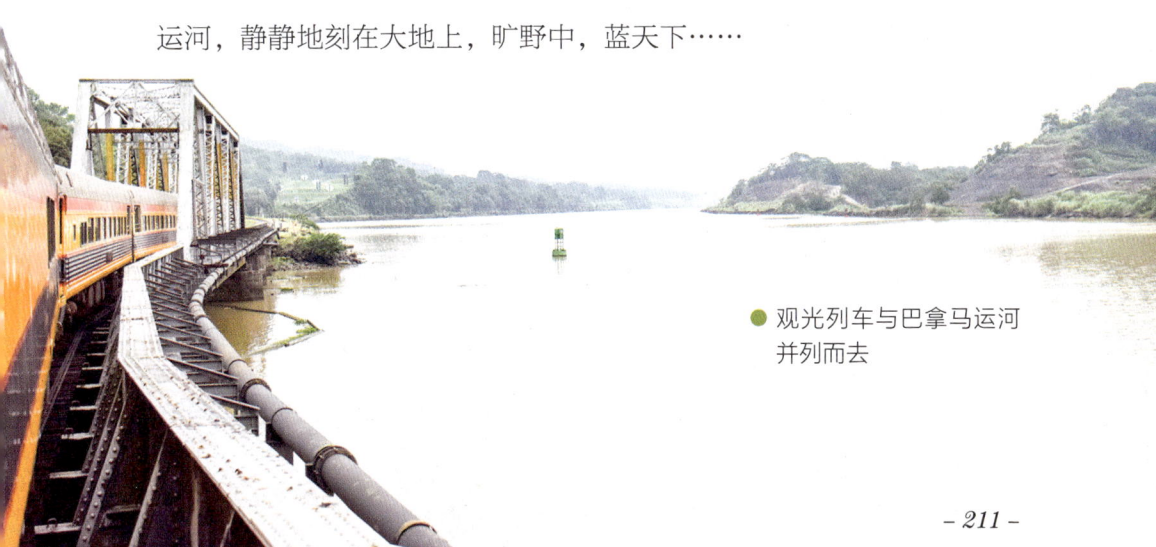
● 观光列车与巴拿马运河并列而去

去中美洲 | Go to Central America

● 在巴拿马运河上运行的货轮

● 巴拿马运河边的公路

列车在前行！车轮在呼啸！窗外运河水面上，开动的巨轮，行驶的舰艇，劈波前进的航船，给巴拿马运河增添了无限生机。更让我心动的是，看到很多飘动着中国国旗的货轮昂扬前行……

据悉：巴拿马运河承担着全世界5％的贸易货运。中国是巴拿马运河的第二大用户。

行车中，我就巴拿马运河的现状特意采访了列车服务员，这位有十年工龄的乘务员说："巴拿马人都知道，当年美国与巴拿马政府签订的运河使用权实际是一份不平等条约。运河开通后，它能创造的价值，带来的收益，大都被美国拿走。试想，巴拿马运河每年450亿美元的收益，与25万元的年租金相比，差距如此巨大。"

乘务员还没有讲完，列车长走来接过话题说："不平等条约关系到主权的问题。巴拿马运河两侧16公里、1432平方公里的面积，全被美国占领使用，升美国国旗，巴拿马成了美国的国中之国，实行美国法

第七章　巴拿马：世界桥梁之最巴拿马运河

律，由美国总统任命运河区政府总督，区内还设有 14 个美国军事基地，6.5 万美军。巴拿马人民一直在为夺回巴拿马运河使用权而进行不懈的反抗。1946 年 1 月 9 日，一名巴拿马学生为维护国家主权，勇敢地将本国国旗插在运河区，被美国人枪杀。这一事件引起 3 万多巴拿马人到运河升国旗，美国进行血腥镇压，打死 400 多人，为此，巴拿马全国爆发了震惊世界的反美斗争，在这一斗争浪潮中，美国不得不与巴拿马政府重新协商，并签订了将巴拿马运河归还巴拿马的期限。1999 年，美国正式将巴拿马运河退还给巴拿马政府，并撤走了驻扎在巴拿马的全部美国军队。"

一声轰鸣！列车驶入加通湖。加通湖系查格雷斯河上的水坝拦蓄而成，实际也是一座大型水库，面积 425 平方公里。运河在此也融汇入湖水中。后来，巴拿马运河就是运用了加通湖的地理位置优势，缩短了开凿工程，这段的轮船不是在河道中行驶，而是运行在湖水中。高峡出平湖，天险变通途。现在才明白，为什么建造水闸升高水位，原因就是要与湖面持平。因为加通湖的湖面水位比海平面高出 26 米。

火车在湖水中架起的大桥上飞驶，眺望窗外，另有一番情趣：碧波荡漾，渔舟唱晚，飞鸟翱翔，湖光水色，风景这边独好！

经过一个多小时的车程，火车停靠在科隆港口。

畅游巴拿马运河后感慨万分！

巴拿马运河，揭开了人类建设史上光辉的一页！

巴拿马运河，也同时引发巴拿马人为维护祖国主权及民族尊严而做出不懈反抗和英勇斗争！

去中美洲 | Go to Central America

走进科隆自由贸易区

身披阳光，沐浴海风，踏行沙滩，穿梭在科隆……

科隆，是巴拿马第二大城市。"科隆自由贸易区"是世界上继中国香港之后第二大自由贸易商埠，有"西半球香港"之称。中国在科隆自由贸易区占有相当大的区域，设有"中国拉美贸易中心"、"中国新世纪纺织品公司"等机构。这里的圣洛伦索城堡即防御工事于1980年被联合国列为世界文化遗产。

科隆自由贸易区坐落在科隆市东北角，处在巴拿马运河河畔。走近自由贸易区入口，才知道这里实际是城中之城。因为贸易区四周皆是高墙封闭，把守严格。进入大门后，给人的第一印象是：繁华！到处都是商品，有电器、服装、布匹、玩具、首饰、手工艺品等等，可谓琳琅满目，应有尽有。自由贸易区内没有高楼大厦，尽是低矮的房屋，

● 去往科隆自贸区

第七章 巴拿马：世界桥梁之最巴拿马运河

鞋批发市场

布匹批发市场

巴拿马帽批发市场

街道也不宽，显得非常拥挤。从人员看，有欧洲人、美洲人、亚洲人等，白、黄、黑肤色的人比比皆是，算是大融合吧！

信步在科隆的自由贸易区，眼前出现一个牌子，上面写着"巴拿马科隆自由区中国贸易商会"，于是我走进这个中国商贸组织踏访。接待我的中国工作人员名叫李建国，他首先向我介绍了有关中国在这里的情况，他说："所谓自由贸易区，确实在这里做生意非常自由。这个自由贸易区初建于1948年，逐渐发展到世界第二大自由贸易区是有个过程的。自由贸易区内货物进口自由，无配额限制，不缴纳进口税；货物转口自由，也不缴任何的税收。此外，设在贸易区的公司企业，其产品向美国和欧洲出口除不受配额限制外还享受优惠关税。由于优越的地理位置和当地政府的优惠政策，目前科隆的年贸易额已达500亿美元，其商品主要来自中国、美国、日本、意大利、韩国，出口市场除欧美外主要是中美洲、南美洲各国，其中中国占的比例很大。"

去中美洲 | Go to Central America

科隆贸易区占地 49 公顷。这里原来曾是一片不毛之地。1501 年当地印第安人在这里建城，称这里为"迪亚斯"。后来西班牙殖民者来此地建立了圣洛伦索城堡，这个城堡主要是存藏他们从南美洲掠夺来的金银珠宝，然后定时运回本国。1852 年"迪亚斯"正式改名为"科隆"，用以纪念哥伦布发现了美洲新大陆。1948 年 6 月 17 日巴拿马政府确定了在此建立自由贸易区。贸易区从小到大，从无到有，逐渐发展到现在这个规模，成世界上名副其实的全球第二大自由贸易区。

科隆自由贸易区的发展和壮大，最主要得益于这里得天独厚的地理优势。首先是巴拿马运河的开通，打通了太平洋和大西洋的通道，使这里成为商品集散地，巴拿马运河的货运量占到全世界货运量的 5%。其次是陆路交通运输带来的极大方便，这里是连接南美洲和北美洲的唯一地峡，著名的泛美公路就通过这里，两大洲的货物交递而过，这里自然成了中转站和转运站。而这里也是空中运输的要道，南来北往的飞机都要经过巴拿马。此外，巴拿马作为国际金融中心，也为科隆自由贸易区起到了保驾护航的作用，目前世界各国的 150 家银行在巴拿马开设了办事机构。

● 科隆码头

第七章 巴拿马：世界桥梁之最巴拿马运河

● 西班牙时期的防御工事

圣洛伦索城堡位于巴拿马运河一端的出口，我从科隆城直奔这个被联合国评选的世界文化遗产所在地参观。圣洛伦索城堡建于1595年，处在巴拿马北部加勒比海岸的利蒙湾，是西班牙殖民时期的最主要的防御工事之一，抵御着外来的侵略，特别是应对海盗的袭击，起了十分重要的作用。城堡有炮台、塔楼、碉堡、城墙、石门等，尽管已经破败不堪，但还能看出当年的气势，尤其是朝海的大炮，更显示着要塞的威武和庄重。但不幸的是有两门大炮曾被盗窃，对于这一主要文物的走私，引发了巴拿马警方高度重视，最后在运往韩国的集装箱船中被查获。

● 城堡一角

● 防御工事

到圣洛伦索和波托韦洛看要塞

　　巴拿马加勒比海沿岸防御工事：圣洛伦索和波托韦洛，一直保存着昔日的要塞遗址。1980年被联合国列为世界文化遗产。

　　离开圣洛伦索城堡去往波托韦洛，左边是一望无际的加勒比海，大西洋的波涛一浪连一浪涌到这里，拍击在海岸线上。右边是莽莽的热带雨林，拥簇着连绵的山峦。途中，加勒比沿岸防御工事渐次铺开：城堡、碉堡、炮台、瞭望塔、石垒、城墙等，这些要塞都是西班牙殖民者当年修筑的。

　　面对一道道、一处处、一片片防御工事，陪同踏访的胡安向导介绍说："这是为西班牙王室保护跨大西洋贸易的防御体系，防御工事的重要部分在两端，即西端的圣洛伦索和东边的波托韦洛，全长约40公里。"

　　经过半个多小时的车程，在快要靠近波托韦洛城的西部海岸，出现了大片防御工事遗址，原来这是圣地亚哥城堡遗址。走进城堡遗址，昔日的所有建筑均被夷为平地，只有残留的根基和半坍塌的墙体，大堆大堆的砖瓦石铺展在地，仅一门门大炮尚竖立在那里。据向导介绍，

第七章 巴拿马：世界桥梁之最巴拿马运河

这是波托韦洛城外的重要防御工事，当时驻兵达到200多人，曾经名震一时，坚守防卫着外来侵袭。但是，这里曾遭到有海盗王之称的亨利·摩根武装力量的袭击，一夜之间被烧成了废墟。

● 破败的圣地亚哥城堡遗址已是残垣断壁

继续行车5分钟，进入波托韦洛城里，这个仅有5000人的海滨古城，至今还保留着16世纪的古海关大楼、古教堂、古修道院、古凉亭等古代建筑。我

首先踏访了圣菲利普城堡，大片依海而建的城堡遗址，要比圣地亚哥城堡遗址大很多，沿着海湾一直伸向远方。虽然已经看不到当年恢弘的城堡，但残留的根基一段接一段，一处连一处，在海岸铸起钢铁长城，其城墙厚度达3米。再看高台上的35门大炮一字排开，像长龙一样横躺在海岸线上。据向导介绍，城堡之所以变成废墟，同样是海盗王亨利·摩根的"杰作"，当年这里瞬间便被洗劫一空，焚烧成一片废墟。

● 圣菲利普城堡伤痕累累

与城堡遥相对应的是海关大楼，现已改为博物馆。当我走进一楼大厅时，首先看到的是"世界文化遗产"的标识，这里展出了从城堡中出土的枪支、弹药、大刀、长箭、石斧、铁锤等物品，解说员介绍了波托韦洛的历史。

1502年，西班牙的哥伦布第四次航行来到这里，因为海湾的美丽起名波托韦洛，又名"波托韦洛"，意为"良港"。后来西班牙人在此建城和城堡，既作为西班牙珍宝船队航线上的停泊之地，又成为西班牙存藏金银财宝的地方。这一宝库，自然引起了海盗的注意，并成为袭击的目标。1602年，海盗威廉·帕克率领300多名海盗武装人员来到这里，掠夺了一万多个金宝后逃之夭夭。1668年，海盗亨利·摩根率9艘海盗船460名武装人员在此登陆，包围了西班牙所有据点，抢杀掠夺，攻陷了两座城堡，占领了教堂和修女院，逼迫西班牙人投降后，抢走价值30多万比索的银币、银锭、黄金、宝石、丝绸和布匹。最后，

● 古海关大楼风采依旧

第七章 巴拿马：世界桥梁之最巴拿马运河

一把火毁光了这里的所有设施和建筑，城堡和所有工事被夷为平地，变成一片废墟。

在博物馆里，我还见到有海盗王称谓的亨利·摩根的画像及他的生平介绍。

亨利·摩根 1635 年出生于英国威尔士的一个庄园里。成人后到加勒比海牙买加岛当契约工，1655 年成了牙买加岛上一名英国士兵。在岛上他结识了偷盗犯、杀人犯、逃奴、骗子。后来他加入了这帮人成立的海盗组织，四处出击。他们的聚结点就是牙买加的皇家港，并将劫来的财物在此挥霍。1663 年，摩根带人前往中美洲大陆袭击西班牙人的地盘。1665 年他返回皇家港。这时，在此地的叔叔已当上加勒比海英军指挥官。摩根与他叔叔的女儿结婚后很快被任命为皇家港部队的司令官。与此同时，海盗们推举他为牙买加海盗总头目曼斯菲尔德的继承者。这样摩根既是英军官员，又是海盗头领。1668 年摩根带人袭击了难攻的古巴，他是用被俘虏的牧师和修女做挡箭牌取胜的。1669 年后，摩根率领 8 艘船 650 名水手袭击了委内瑞拉沿岸两个城市。自此，摩根确立了"海盗王"的称号。1670

● 海盗大王摩根像

去中美洲 | Go to Central America

● 教堂里的黑人耶稣像

年,摩根带领36艘船2000名海盗袭击了巴拿马城。之后,他带领海盗广泛活动在加勒比海,连强大的西班牙人对他也无可奈何。1688年摩根去世。

在波托韦洛城参观大教堂时,发现这座古教堂中立有一尊黑人耶稣像,当地人非常尊重和崇拜。主教说,当年海盗袭击这里时,整个城镇里的人都转移到了教堂中,以求黑人耶稣保佑。海盗闯进教堂拿着刀枪逼迫人们说出藏宝地,否则杀头。最后还是一些富商和头目交代了珍宝的隐藏点,使得大家逃此一劫。教堂中,有很多面对黑人像祈祷的人,他们都认为求拜黑人耶稣像非常灵验。这里有位跳远运动员名叫阿兰达,他的母亲曾在黑人耶稣像前求拜祈祷,希望儿子在北京奥运会上取得好成绩。果然,儿子在北京奥运会上如愿获得一枚金牌,这是巴拿马有史以来获得的第一块奥运金牌。

波托韦洛,这座历史上多灾多难的小城,也有它的辉煌。这里能够出现一名奥运冠军,是巴拿马整个国家的骄傲和自豪!

第七章 巴拿马：世界桥梁之最巴拿马运河

船行安倍拉部落做客土著人家

披着早霞，从巴拿马城启程，沿巴拿马运河北上，去往深山丛林中的安倍拉部落（Embera Drua），探访当地印第安土著人家。

汽车离开巴拿马城后，穿过昔日的美国军事基地、美军医院、联合国驻地办公大楼等，进入一号公路。一号公路原是美军的军用通道，

● 沿美军专用公路行驶

两边没有任何建筑，全是茂密的原始森林和铁丝网线，阴森恐怖，幽暗惨淡。过去这条道路是封闭的，巴拿马的车辆是不允许通过的，自美军撤离后，才解除禁行。

走出一号公路后，两边的树木稀疏多了，旁边陆续出现一些房屋建筑。行至一片浅蓝色房屋，向导胡安说："这是华人住宅区，这些华人是当年开挖运河时从中国招来的，运河竣工后，他们大都留了下来。现在这些华人后代有的开餐馆，有的开商店，还有的卖电器、果品和蔬菜。"顺着向导的手指，我看到了马路边一些写有汉字的店铺。

车轮飞转，路过左边巴拿马运河一座闸门时，司机右行向着马登（Maddn）湖方向飞速行驶。又过半个小时的车程到达查格雷斯河（Chagres River）。这时，下车换乘小木舟，顺查格雷斯河逆水而上，前往安倍拉部落。

● 顺查格雷斯河逆水而上

划行小木舟的是一位印第安土著人，他就是安倍拉部落的人，是专门前来接迎远方来客的。当我得知小伙子是土著人，这才注意打量他的衣着和身纹，那是典型的少数民族装束，赤脚、光膀，着一条红色短裤，身上纹有蛇的印痕，给人一种神秘的感觉。小伙子一边划船一边介绍说："我们的部落是印第安人最古老的部

第七章 巴拿马：世界桥梁之最巴拿马运河

族，位于查格雷斯河上游的高山丛林中。我们这些土著人祖祖辈辈在大森林中生息繁衍，已经几个世纪了，现在我们仍保留了部族传统的生活方式：住草棚，睡草床，吃烤食，保持了原始状态。"

船行半个小时，查格雷斯河道变窄，河水变浅，无法行舟，只能徒步向前。在土著小伙带领下，我们踏着泥泞的山路，淌过膝盖深的河水，爬越陡峭的山崖，越过奔流的瀑布，最后终于到达安倍拉部落。

锣鼓敲响，口笛吹起，安倍拉部落中的印第安土著人一齐拥上来，男女老少，身着短裤，袒胸露膊。他们在草地上唱啊，跳啊，蹦啊，用最纯朴的民族歌舞热烈欢迎。

一阵欢快的迎接方式结束后，我走向草棚去做客。在山顶上，搭建着十多座草房，均为二层。一层放杂物，二层为住屋。茅屋前后皆是参天古木，萋萋花草。当我登着独特的"独木梯"上到二层茅屋时，一阵阵肉香味扑鼻而来。原来，这里的土著人很早便把饭菜准备好了，

● 涉水进发

● 在家门口击鼓吹奏迎接客人

去中美洲 | Go to Central America

○ 上楼　　○ 共进午餐

有烤鱼、烤木瓜和烤羊肉，全是烧烤类食品。这时，酋长抱着一个大罐走过来敬酒，那样真挚、热情，我这个从来不近烟酒者也无法拒绝地喝了一大碗。酋长介绍说："这个印第安部落共有80多土著人，12座草房，统统是一个部族的，都是纯正的印第安人。"当我问到经济来源时，酋长说："靠椰子、海虾、果实为生。"我好奇地问及为什么人们不住在一层，酋长说："这里的蛇太多，有时都爬到二层，何况底层太潮湿，容易染病。"随后，向导说："这里女多男少，男女比例失调，婚姻状况复杂，一夫多妻者是说不清的，但这里从来没有发生过因男女关系而吵闹的现象，祖辈留下的传统，政府不会去干涉。"

饭后，我走出草房，一位抱着孩子的中年妇女接受了我的访问，她告诉我，她已有四个孩子，肚里还有一个待生。至于丈夫的情况，她丝毫也不透露，但生活没有问题。这位妇女长到40岁，生儿育女，还从来没有下过山，去过城，一直住在部落，守候在自家的草房，忙于家务。

日落西山，映出霞光万道。

第七章 巴拿马：世界桥梁之最巴拿马运河

依依不舍欢送客人

再见了！安倍拉部落。全部落的人都拥上来，热情欢送。笛声、鼓声、歌声不断。

告别了！印第安土著人。一只只深情的眼睛凝视！一双双合拢的手祈福平安、祝福远行……

○ 温馨提示 ○

　　尽管巴拿马与中国没有外交关系，但作为中国公民去巴拿马这个国家还是比较容易。办签证不管是从第三国，还是落地签或者是入境签一般都不会被拒签。因为中国在巴拿马的贸易额很大，单是在巴拿马运河，中国便是全世界第二大用户，何况还有科隆自由贸易区，中国占的比例更是不可小觑，给巴拿马带来极大的经济效益。巴拿马有很多中国人，经营贸易者不在少数。华人开办餐馆、酒店、宾馆的很多，也不必担心安全问题。巴拿马最大的看点是运河，还有首都和6处世界遗产，都是理想的好去处。

后记 Afterword

中美洲的踏访，给我留下了极其深刻的记忆，尤其是巴拿马运河、岩石脚印、大蓝洞、巨型石球、一山观"两洋"、云雾森林和蒂卡尔玛雅遗址印象最深，这是在其他地方看不到的独特的别有情趣的自然风光和人文景观。今天，我为能够将其写成书，原汁原味地奉献给全国的广大读者而感到十分欣慰！

提到中美洲，它是人们通常狭义的称谓，是一个概念化的地方，像拉丁美洲一样不是一个真正意义上的洲。它只是北美洲的一个地域，隶属北美洲的版图。但是，在世界地图或是一些教材上，经常出现"中美洲"这个提法，或者说词句。在人们意识上，也叫惯了"中美洲"。今天，我出此书定名"去中美洲"，是把它作为北美洲一个单元、地域或者板块，像"加勒比海"一样，推荐给大家。中美洲共有伯利兹、危地马拉等7个国家，这几个国家都不是很大，但很有特色。

在这里，顺便提一下拉丁美洲。拉丁美洲跨越北美洲和南美洲地域，是指美国以南的整个美洲地区，包括墨西哥、中美洲、加勒比海和南美洲。因为这些地区曾长期沦为拉丁语系西班牙和葡萄牙的殖民地，而大都通用拉丁语，故称拉丁美洲。

世界上通称或者严格的叫法为：亚洲、欧洲、非洲、大洋洲、北美洲、南美洲和南极洲，共7大洲。至于我们常说的"五洲四海"，是把北美

| 后 记

洲和南美洲合为美洲，且没有把南极洲列进去，但这种叫法不严密。

去中美洲，除哥斯达黎加之外，到其他国家办签证手续都须到第三国，或者落地签、入境签。其实，也不是太困难，我先到美国洛杉矶住了一个星期，中美洲国家的签证几乎都拿下来了。这里，感谢尊旅假期的协助办理。

中美洲几个国家确实应该走一走，看一看。那里的人文、风光、地理、环境、习俗、历史遗迹，很值得观赏，大有与其他地方不一样的感觉。既有现代的，也有古老的；既有进步的一面，也有落后消极的一面；既有稳定，也有乱象，多种成分共存，多种元素共有，形成多元化的社会。去中美洲，可以身临其境，亲身体验和感受。

如若没有机会去，我新出的这本《去中美洲》一书大可帮助您了解中美洲，认识中美洲，透视中美洲。在这本书里，我原汁原味地将中美洲的风土人情、沧桑历史、地理地貌都写了出来。中美洲重要的、有名气的、有影响力的地域我都走遍并获得了第一手材料。您可以静下心来，慢慢品读，中美洲是有滋味的！

《去中美洲》共7章32篇、20万字、300多幅照片。这些照片大都是我亲自在实地拍照，这里也感谢黄京玉女士、林卫平先生提供的照片。在写作上，我是按采访路线，用行进手法、现场描述、散文笔调、诗的意境，真实、客观、理性地将所见所闻记述出来。我是一位长期从事新闻工作的记者，又是一位行走作家，在文字、内容、真实性上，我要履行一个记者和作家的责任，献给全国读者一个真实的中美洲、现实的中美洲、动人的中美洲、难忘的中美洲。带您走进云雾缭绕的原始森林、碧波荡漾的火山湖泊、神秘莫测的玛雅遗址、平静如画的巴拿马运河、古朴老旧的印第安人部落……

《去中美洲》是继我的《乡路》、《乡情》、《乡曲》、《春韵》、《千山万水》、《西藏穿行》、《穿越大西北》、《行走南极》、《去南美》、《去加勒比海》等之后出版的第12部书籍,除此之外还有一部长篇电视连续剧《先遣连》(编剧),这部电视剧已在中央电视台一频道晚八点黄金时段播出,还获得了"飞天奖"一等奖。我的多部著作包括电视剧的正式出版和上演,可以说收获颇丰,果实累累。

喜看稻菽千重浪。在这收获的季节,《去中美洲》伴着金秋稻浪就要付梓问世了!我愿将这本沉甸甸的新书献给全国的广大读者,履行一个记者、作家的社会责任,给大家送去知识、信息和快乐!

快打开书本吧!亲爱的读者:这是一幅绚烂多彩的美丽画卷……

快进入角色吧!敬爱的读者:这是一个披着面纱的神奥秘境……

作者:王喜民
2016年11月19日于北京